中国博士后科学基金项目"高职学生职业技能与职业精神融合培养的体系与机制研究"（项目批准号：2017M621979）研究成果
浙江省现代职业教育研究中心研究成果
获金华职业技术学院专著出版基金资助

Research on Vocational Skills and Vocational Spirits'
Inclusive Training of Higher Vocational College Students

高职学生职业技能与职业精神融合培养研究

何应林　著

浙江大学出版社

图书在版编目(CIP)数据

高职学生职业技能与职业精神融合培养研究 / 何应
林著.—杭州：浙江大学出版社，2019.9
　ISBN 978-7-308-19505-8

　Ⅰ.①高… Ⅱ.①何… Ⅲ.①高等职业教育—人才培
养—研究 Ⅳ.①G718.5

中国版本图书馆 CIP 数据核字(2019)第 182646 号

高职学生职业技能与职业精神融合培养研究

何应林　著

责任编辑	周群	
责任校对	杨利军　黄梦瑶	
封面设计	春天书装	
出版发行	浙江大学出版社	
	（杭州市天目山路 148 号　邮政编码 310007）	
	（网址：http://www.zjupress.com）	
排　　版	浙江时代出版服务有限公司	
印　　刷	杭州高腾印务有限公司	
开　　本	710mm×1000mm　1/16	
印　　张	13.25	
字　　数	235 千	
版 印 次	2019 年 9 月第 1 版　2019 年 9 月第 1 次印刷	
书　　号	ISBN 978-7-308-19505-8	
定　　价	52.00 元	

前　　言

　　在高职教育发展初期,面对国家经济社会发展对技术技能人才的迫切需求,高职院校在自身师资、设备、经费、生源等条件都欠佳的情况下,采取了对职业技能培养进行"专项强化"的特殊措施,在短时间内培养出了大量具有较高水平职业技能的人才,为我国经济社会发展做出了重要贡献。然而,这一措施将职业技能培养与职业精神培养割裂开来,违背了技术技能人才成长规律,它不仅使得培养出来的人才不能很好地满足新形势下国家经济社会发展对技术技能人才的素质要求,也制约高职学生的进一步发展。在2014年全国职教大会召开前,国务院总理李克强强调,要把提高职业技能和培养职业精神高度融合,不仅要培养大批怀有一技之长的劳动者,而且要让受教育者牢固树立敬业守信、精益求精等职业精神;近年颁发的《高等职业教育创新发展行动计划(2015—2018年)》和《国家教育事业发展"十三五"规划》两个重要文件,都将"职业技能与职业精神的高度融合"作为今后一个时期需要重点推进的工作。鉴于此,本研究拟突破以往职业技能培养和职业精神培养彼此割裂的传统,以及"头痛医头,脚痛医脚"的做法,从"融合"视角考虑二者的培养问题,首先对职业技能与职业精神的关系,以及融合培养的价值、理论基础和方式进行分析,然后对高职学生职业技能与职业精神融合培养的现状进行调研,此后对德国、日本和瑞士三个国家职业技能与职业精神融合培养的经验进行梳理,最后,在上述研究的基础上,构建高职学生职业技能与职业精神融合培养体系,并对高职学生职业技能与职业精神融合培养的机制进行阐释。

　　基于上述研究思路,本研究分为六个部分。

第一部分为绪论。该部分主要介绍了选题陈述与研究意义，国内外已有相关研究成果，本研究的三个核心概念，研究思路与研究内容，以及本研究所运用的三种研究方法。本研究的三个核心概念为职业技能、职业精神和融合培养。在高职院校技术技能人才培养实践中，职业技能是指在一定知识和经验基础上，经过练习而获得的按某些规则或操作程序顺利完成某项职业活动的活动方式，它是顺利完成某项职业活动所需要的智力技能和动作技能的总和；职业精神是指在职业理性认识基础上的职业价值取向及其行为表现，具体表现为在职业活动中的热情、严谨、细致、负责、高效的行为及风貌；融合培养是指将职业技能培养和职业精神培养合为一体，按照培养目标长期地教育和训练学生，使学生获得成长。本研究运用了文献研究法、调查研究法和个案研究法等三种研究方法。在研究过程中，既对国内外职业技能与职业精神融合培养有关文献进行了系统的梳理与分析，又对高职院校师生的相关观念进行了调查，还通过个案研究获得的事实资料对调查结果进行了检验和补充，多种研究方法的使用环环相扣，逐步逼近问题本真。

第二部分为第一章，即高职学生职业技能与职业精神融合培养的理论研究。该部分对职业技能培养与职业精神培养的关系进行了分析，对高职学生职业技能与职业精神融合培养的价值和理论基础进行了阐释，并对高职学生职业技能与职业精神融合培养的方式进行了探讨。目前，高职学生职业技能培养与职业精神培养的关系是"部分分离"（"部分融合"）。在今后一定时期内，高职院校可能会在现有的技术技能人才培养实践中，将职业精神培养全面融入职业技能培养，让职业技能培养与职业精神培养不断走向"完全融合"这一理想状态。在大力提高职业教育人才培养质量的背景下，高职学生职业技能与职业精神融合培养具有促进学生职业精神培养、促使学生职业技能水平进一步提高、促进学生可持续发展以及改变人们对高职学生群体和高职教育的看法等价值。本研究以人的全面发展理论和融合教育理论两种理论为指导，探索高职学生职业技能与职业精神融合培养存在的问题，构建高职学生职业技能与职业精神融合培养体系，并阐释高职学生职业技能与职业精神融合培养机制。在高职学生职业技能培养与职业精神培养由"部分分离"/"部分融合"逐渐走向"完全融合"的过程中，存在将职业精神培养融入职业技能培养、将职业技能培养融入职业精神培养和统筹安排职业技能与职业精神的培养三种可能的方式。当前高职学生职业技能与职业精神的融合培养应采取"将职业精神培养融入职业技能培养"这一方式,随着融合培养条件的完善和企业等用人单位对技术技能人才综合职业素质要求的提高,高职学生职业技能与职业精神的融合培养最终应该采取"统筹安排职业技能与职业精神的培养"这一方式。

第三部分为第二章,即国外职业技能与职业精神融合培养的经验探寻。该部分对德国、日本和瑞士三个国家职业技能与职业精神融合培养的经验进行了分析,认为其职业技能与职业精神融合培养具有以下特点与经验:一是技术技能人才拥有较高社会地位与收入水平,二是形成了认同职业教育的社会氛围,三是重视对技术技能人才职业精神的培养,四是重视人才培养活动的整体性,五是人才培养过程中实践活动所占比重大,六是重视教师的实践经验和教学能力培养,七是为学生提供职业指导,八是重视榜样的作用,九是重视反思的作用。这些特点与经验,对我国高职技术技能人才职业技能与职业精神融合培养具有五个方面的启示:第一,厚植有利于职业技能与职业精神融合培养的社会环境;第二,在技术技能人才培养实践中明确、落实职业精神的培养;第三,重视人才培养活动的整体性与实践性;第四,重视教师的实践经验积累与教学能力培养;第五,为学生成长提供各种支持条件。

第四部分为第三章,即高职学生职业技能与职业精神融合培养的现状调研。该部分就高职学生职业技能与职业精神融合培养问题,对高职学生和高职教师进行了问卷调查,并对一所高职学院进行了个案分析。

对高职学生进行问卷调查的目的是了解高职学生对职业技能与职业精神融合培养的看法以及学生所在学校的相关情况。调查发现:绝大多数高职学生对融合培养价值持肯定看法;大多数高职学生对融合培养目标有自己的判断;大多数高职学生认为融合培养条件有待完善;大多数高职学生对融合培养活动持肯定看法;绝大多数高职学生对企业和学生个人在融合培养中的作用有清楚的认识;学校类型、专业、年级、性别、上大学前就读学校类型等因素对融合培养具有一定影响。而且,接受调查的高职学生还对高职院校促进学生职业技能与职业精神融合培养可采取的措施提出了大量建议。

对高职教师进行问卷调查的目的是了解高职教师对职业技能与职业精神融合培养的看法以及教师所在学校的相关情况。调查发现:高职教师对职业技能与职业精神融合培养的认识有待提高;高职教师认为职业技能与职业精神融合培养存在的问题还比较多。

个案高职校融合培养的做法有:将职业精神元素融入人才培养方案;开

设职业素养类课程;在专业理论课、实践课教学中渗透职业素养教育;营造专业文化氛围和职业环境;在师资队伍建设中强调"企业经历";开展主题教研活动;通过社团活动提升学生职业素养;通过编写辅导读本促进学生职业素养培养;通过举办讲座、经验交流等活动提升学生职业素养;通过职业技能竞赛提升学生职业素养。个案高职校融合培养存在的问题及其原因有三个:第一,对职业精神的培养不够重视,其原因是该校还未树立起融合培养的理念,没有将职业精神的培养置于与职业技能培养同等重要的位置,而只是将其作为技术技能人才培养工作的一个"点缀";第二,部分教师职业素养水平不高,其原因是教师自己对职业精神等职业素养不够重视,而且学校未对教师的职业精神等职业素养开展有针对性的培训并进行严格考核;第三,第二课堂活动在职业素养培养方面效果不佳,这可能有各二级学院机构设置和人员安排的原因,但关键问题可能在于对第二课堂活动的作用重视不够。

基于上述调研,本研究认为高职学生职业技能与职业精神融合培养的现状为:部分高职院校已经意识到融合培养的重要性并采取了一些融合培养措施,部分高职院校教师对融合培养具有一定的认识,接受调查的大多数学生对融合培养有一定的认识并对其持支持态度,这表明当前高职院校在学生职业技能与职业精神融合培养方面已有一定基础,但也存在"学校对融合培养重视程度不够高、认识不够充分""融合培养缺乏相应的制度和操作规范,融合培养措施没有形成体系""融合培养活动开展所需要的课程、教材、师资、环境等条件有待完善"等问题。

第五部分为第四章,即高职学生职业技能与职业精神融合培养的体系构建与机制探索。

为了推动高职学生职业技能与职业精神融合培养实践的开展和提高高职技术技能人才培养质量,应该将高职学生职业技能与职业精神融合培养实践中的融合培养理念、融合培养目标、融合培养条件和融合培养活动等相互之间存在一定促进作用的要素联系起来,构建一个完整的融合培养体系。其中,融合培养理念指引着融合培养目标的制订、融合培养条件的完善和融合培养活动的开展,是融合培养体系的驱动系统;融合培养目标是融合培养理念在高职技术技能人才培养目标上的具体化,融合培养活动是融合培养的主要载体,二者构成融合培养体系的主导系统;融合培养条件是融合培养活动开展和融合培养目标实现的基础,是融合培养体系的保障系统。在高职学生职业技能与职业精神融合培养体系的实施中,需要注意如下几个问题:第一,在"高职学生职业技能与职业精神融合培养体系"正式实施之前,高职教师在公共基础课、专业理论课和实践教学课等课程的教学中以及第二课堂活动的开展中应该"主动行动",积极对学生进行职业技能培养和职业精神培养方面的引导,让其职业技能和职业精神都能得到一定的培养;在"高职学生职业技能与职业精神融合培养体系"正式实施之后,教师也应该"主动行动",尽力推进融合培养,而不应等待学校的"硬性要求"来驱动。第二,在当前的高职技术技能人才培养实践中,应采取"将职业精神培养融入职业技能培养"的方式来实施融合培养。随着融合培养条件的完善和企业等用人单位对技术技能人才综合职业素质要求的提高,培养方式应逐渐转变为"统筹安排职业技能与职业精神的培养"。第三,应该为"高职学生职业技能与职业精神融合培养体系"的实施提供制度保障,这些制度的制定应吸纳多元主体参与,且其制定与修改应遵循科学的程序。

高职学生职业技能与职业精神融合培养机制是指在高职技术技能人才培养过程中,用人单位、高职院校、教师、学生等主体以及社会因素之间相互作用的过程和方式。本研究对高职学生职业技能与职业精神融合培养机制涉及的用人单位、高职院校、教师、学生和社会因素等的职能和作用进行了分析,对动力机制、运行机制和保障机制进行了阐释,并提出了高职学生职业技能与职业精神融合培养机制的优化对策:第一,强化融合培养的动力机制。这可以从"对用人单位需求进行调查与跟踪"和"对高职学生需求的特点与变化给予持续关注"两个方面着手。第二,健全融合培养的运行机制。这既需要"加强对教师和学生的指导与帮助",也需要"重视教师和学生提出的反馈意见"。第三,完善融合培养的保障机制。这可以从"营造认同职业教育、尊崇技术技能人才的良好社会氛围"和"构建校企长效合作机制,促进产教深度融合"两个方面着手。

第六部分为结束语。该部分指出了高职学生职业技能与职业精神融合培养现状、体系、机制三个方面的研究结论,并对高职技术技能人才职业技能与职业精神的融合培养提出了四点建议:第一,建设有利于职业技能与职业精神融合培养的社会环境;第二,在重视职业技能培养的同时,强化、细化对职业精神的培养;第三,统筹课内、课外两种融合培养活动,充分利用各方力量,不断推进职业技能与职业精神的融合培养;第四,不断完善课程、教材、师资、环境等融合培养条件,逐步推进职业技能与职业精神的融合培养。

目　　录

绪　论

职业技能与职业精神是高职技术技能人才职业素质中两个相辅相成的构成要素,它们应有机融合在一起,共同造就高素质的技术技能人才。然而,出于各种原因,二者在高职技术技能人才培养实践中被割裂开来。这一方面使得培养出来的技术技能人才在实践中拉低了产品与服务的质量,让"工匠精神回归"成了人们热切期盼的事情;另一方面也使得本来就口碑不佳的高职学生存在发展不全面的"硬伤",这既不利于学生就业,也不利于他们的进一步发展。为了提高高职技术技能人才培养质量,更好地满足新形势下国家经济社会发展对技术技能人才的素质要求,也为了实现学生全面、可持续发展,改变人们对高职学生群体和高职教育的看法,本研究拟突破以往职业技能培养和职业精神培养彼此割裂的传统,以及"头痛医头,脚痛医脚"的做法,从"融合"的视角考虑职业技能和职业精神的培养问题。

一、选题陈述与研究意义

(一)选题陈述

近年来,在党和国家的高度重视下,我国职业教育获得了较大的发展,其体系日趋完善,吸引力日渐增强,在经济社会发展中的作用日益重要。职业教育中值得研究的问题很多,笔者为何要在众多问题中选择"高职学生职业技能与职业精神融合培养"这一问题进行研究? 主要是基于以下三个方面的缘由。

1. 整合是时代发展的重要特征①

人的全面发展需要整合科学技术进步与人文教育。从原始落后的古代社会到高度发达的当今社会,人类社会向前迈进了很多。在这个过程中,作为许多国家中心工作的经济建设发挥了很大的作用。但是,这种"以经济发展为导向的片面发展模式"导致了人的片面发展,人成了"局部劳动的自动的工具""忙碌的逐利人"。为了解决这个问题,使人的全面发展与经济发展能同步实现,需要整合促进人的全面发展的人文教育与促进经济发展的科学技术的进步。

整合是当前科学技术发展的基本走向。科学技术经历了一个"朴素整体论—传统分析论—系统综合论"的螺旋式发展过程,呈现出"合—分—合"的演进特点。在近代科学技术的发展中,分析的方法发挥了很大的作用,使人类在认识的深度和精度方面都有很大的进步。但是,这种方法也使得人们难以从整体上把握事物的本质。因此,进入 20 世纪后,科学技术的发展由"分析"走向"整合",自然科学中的新兴学科"综合化",自然科学与社会科学"一体化"。今后,科学技术的发展可能会迎来新一轮的"分析"发展,但当前,整合是科学技术发展的基本走向。

整合是经济发展的重要命题。当前,我国处于产业形态不断升级和产业结构多重转型的整合、过渡期,对人才的需求更加多样,对人才的要求趋向高移。为了满足产业发展对人才的需要,人才培养机构需要整合人才培养目标与专业体系,培养大量"复合多面、适应性强"的人才。

可见,整合是人的全面发展的需要,是当前科学技术发展的基本走向,也是经济发展的重要命题。可以说,整合是我们所处的这个时代的一个重要发展特征。本研究所要探讨的融合其实也是一种整合,而且是一种更高层次的整合,它要求整合的各个部分融为一体,朝着预期的目标发展。

2. 我国制造业和服务业水平的提升急需兼具职业技能与职业精神的高素质技术技能人才

制造业是我国经济支柱产业,是我国综合国力和国际竞争的重要体现。新中国成立以来,我国政府高度重视制造业的发展,因而其在全球制造业中的占比迅速提高,到 2010 年,我国制造业占全球制造业的比重达到 19.8%,

---

① 张健.高等职业教育整合论[M].北京:教育科学出版社,2015:2-18.

成为世界制造业第一大国。① 当然,我们都很清楚,这样的"世界第一"只是规模第一,我国还只是一个制造业大国,要想实现由"大"到"强"的转变,我们还有很长的路要走。早在 2009 年,有研究者就总结出了制约我国制造业发展的三个主要障碍,即技术创新不足、产业结构和布局不合理、人力资源缺乏且结构不合理。② 时至今日,这样的障碍依然存在。在这三个障碍中,"技术创新不足"的重要原因之一是人力资源数量和素质的欠缺。因此,高素质的人力资源短缺是当前影响我国制造业水平提升的重要因素之一。制造业人力资源中的技术技能人才运用所掌握的专业知识和通过实践习得的系统的技能、行为模式以及工作经验,在企业中直接从事生产活动③,其职业技能和职业精神是制造业产品质量提升和企业发展不可或缺的重要元素。

加快服务业的发展既是人们生活水平提高的要求,也是提高产业综合竞争能力、促进产业结构转型升级的要求。④ 在各国经济的发展中,服务业的比重不断提升。《2010 年世界发展指标》显示,高收入国家、中等收入国家和低收入国家的服务业比重,分别由 1995 年的 68%、51% 和 43%,提高到2008 年的 73%、53% 和 47%。⑤ 在我国,服务业是国民经济中的另一个重要产业,其发展水平是社会经济发展水平的重要标志。多年来,在政府的大力支持下,我国服务业有了长足的发展,但是,它在国民生产总值中的占比仍然不高。⑥ 导致这种情况的原因有很多,其中一个重要原因是大量没有参加职业培训和技能鉴定考核的人进入服务业,这些人不仅职业精神差,职业技能也处于"非专业"水平。经常在一些社会事件中充当"替罪羊"角色的"农民工"和"临时工"中的很多人就是缺乏必要职业技能和职业精神的服务业从业人员。

制造业和服务业的发展关乎我国综合实力和人民生活质量,但它们都

---

① 工业和信息化部规划司.我国制造业发展进入新的阶段[J].中国中小企业,2015(6):20.

② 杨进,赵志群,刘杰,等.职业教育与中国制造业发展研究[M].北京:高等教育出版社,2009:26-28.

③ 杨进,赵志群,刘杰,等.职业教育与中国制造业发展研究[M].北京:高等教育出版社,2009:35.

④ 王岳平.中国产业结构调整和转型升级研究[M].合肥:安徽人民出版社,2013:142.

⑤ 张毅.全球产业结构调整与国际分工变化[M].北京:人民出版社,2012:215.

⑥ 马云泽,杜超.当前我国现代服务业发展现状、特点与趋势[J].环渤海经济瞭望,2011(12):28.

受制于高素质人才的短缺,都急需既有较高职业技能水平又有较好职业精神的高素质技术技能人才。或许正是为了给这两个重要产业解困,进而促进我国经济整体水平提升,2014年全国职教大会召开前,国务院总理李克强在接见与会代表时强调,要把提高职业技能和培养职业精神高度融合,不仅要培养大批怀有一技之长的劳动者,而且要让受教育者牢固树立敬业守信、精益求精等职业精神,使"中国制造"更多走向"优质制造""精品制造",使中国服务塑造新优势、迈上新台阶。①

3. 高职技术技能人才培养的现实呼唤职业技能与职业精神融合培养

毋庸置疑,职业技能培养在高职技术技能人才培养实践中占据着主要地位,这产生了很多积极的效果,例如:由于培养出来的学生技术技能水平较高,学生很受用人单位欢迎,一些高职院校的学生还未毕业就被用人单位抢光;一些学生在国内国际技能竞赛上表现突出,赢得了很高的荣誉和大量的物质奖励,有的甚至在赛场上就被企业高薪聘用。这些大大提高了学生所在院校甚至整个职业教育的声誉,增强了职业教育的吸引力。在这些因素的强化下,一些高职院校更加倾向于职业技能培养,职业精神培养虽然也不是完全没有,但其在人才培养实践中所占的份额相对职业技能培养而言要少得多,其实施的规范性、科学性较弱。在这样的情况下,职业技能培养与职业精神培养实际上处于一种"分离"状态。职业技能在形成过程中未得到职业精神的滋养,因而培养出来的职业技能由于"营养不良"而在实践中表现欠佳,不能充分展现其应有水平,也难以获得进一步的发展;职业精神的发展也由于未能得到职业技能发展的应有影响,进步缓慢,甚至止步不前。如此"高水平"技术技能人才,必定不能满足经济社会发展对技术技能人才的要求,因此,高职院校的技术技能人才培养实践成绩也就"不合格"了。为了培养出经济社会发展所需要的高素质技术技能人才,高职院校需要在技术技能人才培养实践中对学生进行职业技能与职业精神的融合培养,充分利用二者的相互作用。如此,不仅可以使技术技能人才具有较高水平的职业技能,而且可以在职业技能培养过程中锤炼其坚忍不拔、精益求精、敬业守信等职业精神,使其最终成为既有较高职业技能又有较好职业精神的高素质技术技能人才。

---

① 倪光辉. 更好支持和帮助职业教育发展 为实现"两个一百年"奋斗目标提供人才保障[N]. 人民日报,2014-06-24(1).

（二）研究意义

本研究从"融合"视角考虑高职技术技能人才培养实践中的职业技能培养与职业精神培养问题,构建高职学生职业技能与职业精神融合培养的体系,阐释高职学生职业技能与职业精神融合培养的机制。这既具有重要的理论意义,又具有较强的实践意义。

1.理论意义

一方面,分析高职技术技能人才培养中职业技能培养与职业精神培养之间关系的现状、可能走向与发展趋势,有利于完善职业技能形成理论和职业精神形成理论;另一方面,科学界定高职学生职业技能与职业精神融合培养的概念,阐明融合培养的价值、理论基础和方式,构建融合培养体系,阐释融合培养的机制,可以为高职技术技能人才培养模式的改革提供理论依据。

2.实践意义

一方面,对高职学生职业技能与职业精神融合培养的现实情况进行调查与分析,有利于教育主管部门和高职院校对当前我国高职技术技能人才培养实践中职业技能培养与职业精神培养的"割裂"现象及其原因有一个清醒的认识,有利于高职院校找到这个问题的"症结"并有针对性地进行人才培养模式改革;另一方面,构建具有较强针对性和可操作性的高职学生职业技能与职业精神融合培养体系,阐释融合培养机制,不仅有利于从根本上提高高职技术技能人才培养质量,满足新形势下国家经济社会发展对技术技能人才的素质要求,具有重要的经济价值,也有利于高职学生获得全面、可持续的发展,从而改变人们对高职学生群体和高职教育的看法,具有重要的社会价值。

二、文献综述

目前,国内外关于高职学生职业技能与职业精神融合培养的相关研究可以归纳为如下几个方面。

（一）高职学生职业技能培养研究

1.关于职业技能及其培养问题的研究

经合组织官网发布的一份报告——*Universal Basic Skills：What Countries Stand to Gain* 指出,目前在全球范围内,不管是富裕国家还是贫困国家,如果能够确保所有年轻人拥有基本的阅读、数学和科学技能,将会降低年轻人失业率,也会为该国带来巨大的经济利益。① 基本技能尚且具有如此重要的作用,在一定基本技能基础之上培养起来的职业技能的作用自不必言。

职业技能是一种显性的专业素质,是"职业教育培养目标中的核心素质要求"②。它易于测量和评价,因而成了用人单位判断高职毕业生培养质量的主要依据。长期以来,研究者们从含义、特征、价值、分类、与技术的关系、形成过程、迁移,以及职业技能培养的理论基础、基本原则、基本程序、模式和途径等不同角度对职业技能及其培养问题进行了研究。

关于职业技能的含义,有研究者认为,职业技能是"人们顺利完成某项职业活动或职业任务的行为模式或程序的总和"③。有研究者认为,随着职业教育改革的深化,对技能的进一步认识呈现出三种趋势性的拓展:一是教育学意义的拓展,即认为"技能是个体行为的成分";二是社会学意义的拓展,即认为"技能是社会融入的媒介";三是经济学意义的拓展,即认为"技能是经济发展的要素"④。

关于职业技能的特征,有研究者认为,人们经常从各种生活经历中获得默会技能,这些技能的发展是非线性的,其运用是情境性的,当先前获得的默会技能在新的环境中得到调动和扩展时,它们常常会成为学习过程的核心;这些研究者还指出,让人们认识到自身隐性的默会技能,有助于他们增强自信并获得学习与工作的成功⑤。有研究者认为,专家技能具有显著的社会属性,其"专家"级别是一种社会认定的标准,这种级别的取得也是在社会关系范畴内比较的结果。⑥ 有研究者认为,职业技能建立在相对单一的岗位或职业基础上,它凸显的是对明确界定的工作的胜任,并且注重实用性。⑦

关于职业技能的价值,有研究者认为,职业技能可以带来产品质量提

① 赵琪.提升年轻人技能成经济增长新动力[N].中国社会科学报,2015-06-01(A3).

② 刘春生,徐长发.职业教育学[M].北京:教育科学出版社,2002:99.

③ 肖凤翔,马良军.高职院校学生职业技能培训程序及原则[J].高等工程教育研究,2012(3):162.

④ 姜大源.当代世界职业教育发展趋势研究[M].北京:电子工业出版社,2012:19.

⑤ 瑞恩博德,富勒,蒙罗.情境中的工作场所学习[M].匡瑛,译.北京:外语教学与研究出版社,2011:239-256.

⑥ Stevenson J. Developing vocational expertise: principles and issues in vocational education[M]. Sydney: Allen & Unwin Academic,2003:4.

⑦ 姜大源.当代德国职业教育主流教学思想研究[M].北京:清华大学出版社,2007:351.

高、技术革新、赢利、公共服务质量提高、服务选择机会增加等诸多好处,但过于关注它,会使教育事业陷入职业准备的陷阱。①

关于职业技能的分类,有研究者认为,职业技能可以分为一般职业技能和特殊职业技能两类,前者是指"从事不同职业都需要使用的技能",后者是指"从事某一职业所需要使用的特定技能"②。美国经济学家贝克尔(Gary Becker)将职业技能分为通用技能和特殊技能两类,前者是指"对劳动力市场同一行业中的雇主都有用的技能",后者是指"仅对当前雇主有用的技能,即与该雇主的生产、设备和环境相关的工作能力"③。美国职业信息网的研究人员认为,职业技能可以分为基本技能和跨职业技能 2 个大类,基本技能、社交技能、复杂问题解决技能、技术技能、系统技能、资源管理技能 6 个中类,以及数学与科学技能等 17 个小类和数学技能等 35 个细类④。有研究者对专家技能进行了研究,认为它是"个体技能发展的高级层次",是专家所具有的职业技能,与之对应的是"低层次职业技能",是新手所具有的职业技能⑤。

关于职业技能与技术的关系,有研究者认为,技能是与人有关的技术,它是技术的一部分,与技术"相伴相生、等值异类、并行不悖"⑥。

关于职业技能的形成过程,有研究者对操作技能形成的心理过程与心理特征进行了分析,并指出了错误操作技能的成因与消除技术⑦;有研究者借助教育心理学观点,对技术工人操作技能的形成过程、特点以及如何运用科学、合理的教学方法提高学生操作技能和综合职业能力等进行了分析⑧;有研究者认为,团队和实践经验对职业技能的发展具有重要影响,大学需要在其课程中做出相应调整,并处理好与工作场所环境的平衡⑨;有研究者指

① Pring R. The skills revolution[J]. Oxford Review of Education,2004,30(1):106,115.

② Handel M. Trends in job skill demands in OECD Countries [M]//OECD social, employment and migration working papers. Paris:OECD Publishing,2012:8.

③ 李明甫.发达国家高级职业技能开发的制度保证[J].中国职业技术教育,2007(9):10.

④ 吴道槐,王晓君.国外高技能人才战略[M].北京:党建读物出版社,2014:12-15.

⑤ 孙红艳.专家技能的特征与形成过程对职业教育的启示[J].职教论坛,2008(12):4-7.

⑥ 姜大源.技术与技能辨[J].高等工程教育研究,2016(4):71-82.

⑦ 崔景贵.职业教育心理学导论[M].北京:科学出版社,2008:185-188,192-195.

⑧ 庄西真.学做技术工人:从职业技术学校到工厂过渡的实证研究[M].北京:外语教学与研究出版社,2010.

⑨ Wells P,Gerbic P,Kranenburg I,et al. Professional skills and capabilities of accounting graduates:the New Zealand expectation gap? [J]. Accounting Education:An International Journal,2009,18(4-5):403-420.

出,真实环境和朋辈互动对职业技能的形成具有重要意义[①];有研究者指出,反馈是影响职业技能形成的关键因素,针对具体职业技能的建设性反馈比确定性反馈更加有效[②];有研究者以师徒制这一技能形成制度为研究对象,对师徒制技能有效传承的制度基础、师徒制变迁轨迹的动力机制以及技能形成与社会保护的关系进行了分析,认为一个国家或一个经济行为主体的技能形成类型与其宏观经济社会治理机制相匹配,并非由企业随意选择[③]。

职业技能的迁移分为正迁移和负迁移两种,前者可以促进新技能的形成,后者则会干扰新技能的形成。有研究者认为,学生倾向于学习具体的技能,这些技能主要能应用于与教学时应用的例子相似的情境,并非"可以在许多情境中迁移"[④]。有研究者运用实验方法对学生操作技能的迁移问题进行了研究,他们发现,对于简单的感知运动任务而言,能产生从虚拟实验到真实实验的正迁移效应。[⑤] 有研究者指出,建设实训基地是培养学生职业技能迁移能力的重要举措,但由于对实训基地建设中所应依据的教育与心理学规律,尤其是迁移能力形成的机制缺乏准确认识和深入思考,因而学生职业技能迁移能力培养的效果并不理想。[⑥]

关于职业技能培养的理论基础、基本原则和基本程序,有研究者在对职业技能培训的心理基础进行分析的基础上认为,"动作技能是操作性职业技能的基础","环境和认知因素决定操作性职业技能";他们指出,高职院校学生职业技能的培训应遵循"内隐与外显学习结合""预成性学习与生成性学习结合""外在强化与内在强化结合"三个基本原则,其程序可分为"活动示范""尝试模仿""整合练习""熟练应用"四个阶段。[⑦]

---

① Hodgson P, Wong D. Developing professional skills in journalism through blogs [J]. Assessment and Evaluation in Higher Education, 2011,36(2):197-211.

② De Beer M, Martensson L. Feedback on students' clinical reasoning skills during fieldwork education[J]. Australian Occupational Therapy Journal, 2015,62:255-264.

③ 王星. 技能形成的社会建构[M]. 北京:社会科学文献出版社,2014.

④ Mayer R E. Educational psychology: a cognitive approach[M]. Boston: Little, Brown & Co., 1987:239.

⑤ 刘兴波,王广新. 桌面虚拟实验促进学生操作技能迁移的验证与分析[J]. 中国远程教育,2011(11):42-46.

⑥ 姚梅林,邓泽民,王泽荣. 职业教育中学习心理规律的应用偏差[J]. 教育研究,2008(6):63-64.

⑦ 肖凤翔,马良军. 高职院校学生职业技能培训程序及原则[J]. 高等工程教育研究,2012(3):164-166.

关于职业技能的培养模式和途径,有研究者介绍了 EPSS 这一面向职业技能发展的电子支持系统,该系统具有"信息集成性、工作情境性、学习自主性、知识共享性"等特点,可以使职工在不脱岗的情况下进行职业技能提升学习①。有研究者认为,加强实训基地建设有利于学生职业技能的提高。实训基地既包括校内实训基地也包括校外实训基地,其建设既要有足够的场地和先进的设备,也要有"双师型"的教师队伍②。有研究者认为,校企合作、工学结合是培养学生职业技能的重要途径,可以通过优化相关课程设置来加强学生职业技能的培养③。

可见,已有研究对职业技能及其培养进行了比较全面、深入的研究,形成了比较丰富的成果,这些成果对人们认识"什么是职业技能""为什么要培养职业技能",以及"如何培养职业技能"等问题具有一定的参考价值,为高职学生职业技能的培养提供了一定的指导。但是,这些研究成果对职业精神以及它与职业技能的相互作用重视不够;出自一线教师之手的部分成果的理论深度有所欠缺,而出自"学院派"研究者之手的部分成果则对相关实践缺乏必要的关注。

2. 关于职业技能培养存在问题的研究

在各方的共同努力下,高职院校对职业技能学习规律的认识越来越深入,基于自身条件开展的职业技能培养活动也取得了较好的效果。不过,由于受到一些因素的影响,高职学生职业技能培养活动的开展并没有完全遵循职业技能学习规律,因此其效果打了一定的折扣。

有研究者指出,由于对职业技能的内涵以及技能学习规律的认识存在偏差,职业技能培养存在两个方面的问题,一个是"重外显操作技能训练、轻内隐心智技能培养,将具有密切联系的技能学习的不同内容成分割裂开来甚至对立起来",另一个是"在操作技能培训的方式上,重视操作动作的实训操练,忽视心理调控方法在其中的重要而独到的作用",它们在很大程度上制约了职业技能学习的速度与水平。④ 有研究者认为,高职院校职业技能培

① 阮雁春,蔡春花. 面向职业技能发展的 EPSS 开发研究[J]. 远程教育杂志,2012(3):52-57.

② 金柏芹. 抓实训基地建设 促职业技能提高[J]. 中国高等教育,2003(19):32-33.

③ 何玉龙. 高职院校职业技能课程设置优化的探索[J]. 教育发展研究,2007(4):59-61.

④ 姚梅林,邓泽民,王泽荣. 职业教育中学习心理规律的应用偏差[J]. 教育研究,2008(6):61-63.

养存在三个问题：一是"部分高职院校人才培养目标不够清晰"，二是"部分高职学生学习职业技能的积极性不高"，三是"学校人才培养与企业人才需求不匹配"。① 有研究者通过实证研究发现，高职院校的职业技能培养在学校教学组织和校企合作两个方面存在一些问题：在学校教学组织方面，存在"对技能培养的重要性认识不足""实践教学所占的比例偏少""技能教学方法单一、要求偏低""专业课程内容缺乏灵活性"等问题；在校企合作方面，存在"学校自身实力影响合作的深入开展""企业缺乏成熟的合作教育的思想""政策法规不到位难以调动企业积极性"等问题。② 有研究者指出，由于过于强调职业技能训练，学生职业精神的发展空间被挤占，也限制了职业精神积极作用的发挥，从而导致毕业生出现"职业技能的可迁移性不强，发展后劲不足""缺少敬业守信、精益求精等职业精神"等问题。③ 这些研究对高职学生的职业技能培养情况进行了反思，对我们全面认识职业技能培养问题具有一定的启发意义，但是相关成果数量有限，发现的"问题"较少，对"问题"的分析也不够深入。

（二）高职学生职业精神培养研究

1. 关于职业精神及其培养的研究

职业精神是"个体存在的深层尺度"④，是技术技能人才综合职业素质的构成要素。职业精神对职业技能的形成和技术技能人才的成长具有不可或缺的作用，注重职业精神修炼使古代"能工巧匠"鲁班、华佗、黄道婆和今日"大国工匠"顾秋亮、张冬伟、管延安、周东红、高凤林、宁允展、孟剑锋、胡双钱等技术技能人才声名远扬。

国外关于职业精神的研究主要集中在职业伦理方面，包括职业伦理的结构与内涵、不同职业的职业伦理等。在开展相关研究时，研究者们编制出了"新教伦理量表（Protestant Ethic Scale）""职业工作伦理问卷（Occupational Work Ethic Inventory）"等测量工具，并运用它们进行了实证研究⑤。

---

① 林山. 高职院校学生职业技能的培养路径[J]. 现代教育管理，2014(7)：116.

② 王宝君. 高职院校学生职业技能培养研究[D]. 南京：南京师范大学，2010：19-21.

③ 郑玉清. 现代职业教育的理性选择：职业技能与职业精神的高度融合[J]. 职教论坛，2015(5)：30-33；何桂美. 论职业技能培养与职业道德教育的整合[J]. 理论月刊，2011(10)：183-185.

④ Myers B K. Young children and spirituality [M]. New York：Routledge，1997：18.

⑤ 匡瑛，范军. 职业精神之国内外研究述评[J]. 职教通讯，2015(31)：36-40.

国内关于职业精神的研究主要关注图书馆学、医学、新闻学、企业、政治法律等领域,主要集中在职业精神的内涵、培养现状与问题、培养实践探索和特定行业职业精神培养等方面①。总的来说,国外的研究比较深入,其研究思路和研究工具具有一定的参考价值,但其研究范围偏窄,成果不易"移植";国内研究的范围相对而言较宽,但不少研究的深度却显得不足,而且对职业精神与职业技能的相互作用重视不够。

近年来,国内研究者对作为职业精神分支的工匠精神产生了很大的兴趣,不仅翻译了《匠人》《工匠精神:缔造伟大传奇的重要力量》《摩托车修理店的未来工作哲学》等一批工匠、工匠精神方面的著作②,还从工匠精神的内涵与结构、价值、流派、历史传承、典型事例、培养途径等方面进行了研究。

关于工匠精神的内涵与结构,有研究者认为,工匠精神是在工作中追求精益求精的精神理念,它在中国文化中体现为"尚巧"的创新精神、"求精"的工作态度和"道技合一"的人生理想,在西方文化中体现为"追求完美与极致"的理念③;有研究者认为,工匠精神是指"工匠们对设计独具匠心、对质量精益求精、对技艺不断改进、为制作不竭余力的理想精神追求",它可以概括为"尊师重教的师道精神""一丝不苟的制造精神""求富立德的创业精神""精益求精的创造精神""知行合一的实践精神"五种精神特质④;也有研究者认为,工匠精神有狭义和广义之分,前者是指"凝结在具有一定技艺的工匠身上和匠人制作中精益求精、视质量为生命的态度与品质",包括"一丝不苟的敬业精神、求精尚巧的创造精神和天人合一的人文精神",后者是指"在所有劳动者身上、劳作中追求精益求精的态度与品质"⑤。

关于工匠精神的价值,有研究者认为,工匠精神"攸关当代全球发展竞争格局",是"中国由制造大国向制造强国转型之急需",是"供给侧结构性改

———————————

① 匡瑛,范军.职业精神之国内外研究述评[J].职教通讯,2015(31):36-40;林幸福.回顾与展望:近15年来我国教师职业精神研究述评[J].中国职业技术教育,2016(15):82-84.

② 桑内特.匠人[M].李继宏,译.上海:上海译文出版社,2015;福奇.工匠精神:缔造伟大传奇的重要力量[M].陈劲,译.杭州:浙江人民出版社,2014;克劳福德.摩托车修理店的未来工作哲学[M].粟之敦,译.杭州:浙江人民出版社,2014.

③ 肖群忠,刘永春.工匠精神及其当代价值[J].湖南社会科学,2015(6):6-10.

④ 李宏伟,别应龙.工匠精神的历史传承与当代培育[J].自然辩证法研究,2015(8):54-55.

⑤ 王国领,吴戈.试论工匠精神在现代中国的构建[J].中州学刊,2016(10):85-86.

革的必然要求",也是"提升劳动者素质的迫切需求"①;也有研究者认为,工匠精神在当今社会仍然具有重要的社会价值,它是"工业制造的灵魂","有助于工作主体的自我价值实现"②。

关于工匠精神的流派,有研究者对美国、德国、日本三个发达国家的工匠精神进行了研究,他们认为,美国的工匠精神"将个人的 DIY 与商业逐利行为紧密结合在一起",它强调"创新第一,商业协同"。德国的工匠精神"与日耳曼民族严谨扎实的作风一脉相传",而日本的工匠精神则是"一种道德伦理和集体意识的反应",二者强调的都是"小分工、大协同"③。

关于工匠精神的历史传承,有研究者认为,工匠精神的形成发展过程是人们"对工匠劳动观念认知不断解放、工匠劳动价值评价不断提高以及工匠传统影响不断外化"的历史渐进过程④。

关于工匠精神的典型事例,知名度较高的有庖丁解牛、瑞士钟表匠和秋山木工,研究者们对这些典型事例进行了细致描述与深入分析⑤。

关于工匠精神的培养途径,有研究者认为,可以通过加强课程设置、专业建设和推进产教融合等多种途径,将"工匠精神"的培育融入职业教育各个环节⑥;有研究者认为,可以通过"打破就业体制,改革就业观念""树立杰出工艺大师、工人技师榜样""保护工匠、技师合法利益,借用现代手段拓展技艺传承""传统手工艺生产演示与精美产品展示""以双元制、双导师制培养工匠技师""加强职业资格认证,实行职前宣誓"等途径培育工匠精神⑦。

---

① 王国领,吴戈.试论工匠精神在现代中国的构建[J].中州学刊,2016(10):86-87.
② 肖群忠,刘永春.工匠精神及其当代价值[J].湖南社会科学,2015(6):8-10.
③ 王晓明,林雪萍.正本清源论工匠精神[J].中国发展观察,2016(12):33-34.
④ 李宏伟,别应龙.工匠精神的历史传承与当代培育[J].自然辩证法研究,2015(8):55-57.
⑤ 赵修义.庖丁解牛、自由劳动与工匠精神[N].解放日报,2016-05-17(13);喻学才.工匠精神与国民素质[J].建筑与文化,2016(10):22-23;王雯,王娇娇.瑞士钟表业"工匠精神"培育分析:兼论对我国现代学徒制的启示[J].职业技术教育,2016(33):75—76;曾伟.学日本式管理最难在"工匠精神"[N].东莞日报,2010-10-25(C)2;于志晶.匠人精神及其培育:秋山利辉的《匠人精神——一流人才育成的 30 条法则》评介[J].职业技术教育,2016(12):47-50.
⑥ 李梦卿,任寰.技能型人才"工匠精神"培养:诉求、价值与路径[J].教育发展研究,2016(11):66-70.
⑦ 李宏伟,别应龙.工匠精神的历史传承与当代培育[J].自然辩证法研究,2015(8):57-59.

已有研究从多个角度对"工匠精神"进行了研究,其研究视角和思路具有一定的参考价值,但这些研究的主要关注点在"工匠精神",对其与职业技能之间的相互作用关注不足。另外,有一些研究把"职业精神"与"工匠精神"混为一谈。

2.关于职业精神培养存在问题的研究

目前,关于高职学生职业精神培养的研究与关于高职学生职业技能培养的研究相比,数量上明显偏少。与此对应,高职院校在学生职业精神培养方面的表现也欠佳。高职学生职业精神的培养存在培养观念滞后、整体设计欠缺、培养方式单一、课程体系不完善、教师素质不达标、培养环境不适宜等问题①,是我国高职院校技术技能人才培养活动中的"短板"。

为了改变这种状况,有研究者建议借鉴日本、德国、美国等国家的做法,从培养目标、课程建设、企业学习、实践操作、结果考核等方面加强学生职业精神的培养②;有研究者建议以职业规范教育为基本切入点培育职业精神③;有研究者建议将职业精神(包括职业理想、职业态度、职业责任、职业纪律、职业良心、职业信誉和职业作风)的培养融入职业院校的一切教学活动中,以"润物细无声"的方式体现在校园的每一个角落④;还有一些研究者从人才培养模式、考核方式、校园文化建设和实践体悟等角度提出了加强高职学生职业精神培养的建议⑤。已有研究从多个方面提出了加强职业精神培

---

① 严楠.高职学生职业精神培养中存在的问题及原因分析[J].职业教育研究,2009(7):132-133;何春华.高职学生职业精神养成分析[J].顺德职业技术学院学报,2012(1):37-40;孙秀玲.高职学生职业精神的内容及培育途径分析[J].职业时空,2012(4):7-8.

② 刘德恩.日本人的职业精神从哪里来:日本职业学校的考察与启示[J].河南职业技术师范学院学报(职业教育版),2004(3):52-54;黄燕.日本高职生职业精神养成研究及其启示[J].湖北广播电视大学学报,2012(9):20-21;Cruess R L, Cruess S R. Professionalism is a generic term: practicing what we preach[J]. Medical Teacher, 2010(9):713-714;周维红.浅析美国医学生职业精神教育及其对我国的启示[J].职教通讯,2015(31):45-48.

③ 邱吉.培育职业精神的哲学思考:从职业规范的视角看职业伦理[J].中国人民大学学报,2012(2):75-82.

④ 董奇.职校学生最需锤炼职业精神[J].教育与职业,2011(4):84.

⑤ 王金娟.基于工学结合的高职学生职业精神培养[J].高等职业教育—天津职业大学学报,2010(5):37-39;何春华,杨敏.职业精神纳入高职专业课程考核的探讨[J].山东工业技术,2013(10):1;夏和先,许玲.构建职业特色校园文化 培养高职学生职业精神[J].卫生职业教育,2011(8):16-18;孟娇妍.高职学生职业精神培育探析[J].湖南工业职业技术学院学报,2012(3):15-17.

养的建议,这些建议的提出角度和内容具有一定的参考价值,但这些建议对职业精神与职业技能之间的相互作用关注不够,因而其本身不够完善,它们对职业精神培养状况改变所起的作用也将受到限制。

(三)高职学生职业技能与职业精神融合培养研究

1.关于职业精神与职业技能关系的研究

职业精神与职业技能是共存于个体身上、影响个体职业发展的两个重要因素,二者之间必然存在一定的相互作用。正如姚明在接受美国体育记者格拉汉姆·本辛格采访时所言,它们"其实就相当于人的左右脚,应该互相配合,不能只用左脚或者右脚,那样是走不好路的,就算你跳着走,也会摔伤"①。然而,不仅在实践中人们对它们的相互作用关注不够,在理论研究中,也只有很少人提到二者之间的关系。在笔者能找到的相关文献中,仅有两篇文献对二者的关系进行了研究:《石化专业职业技能与职业精神培养高度融合的研究》一文认为,职业精神是职业技能发展的源泉和动力,它可以支撑和推动职业技能充分发挥其作用,职业技能有助于个体获得自我实现感,进而促进其职业精神发展②;《药品行业高职学生提高职业技能与培养职业精神融合途径研究》一文指出,职业精神可以为职业技能的掌握提供动力支持,职业技能的运用与创新也依赖于职业精神③。

2.关于职业技能与职业精神融合培养的研究

受技术理性主义和实用主义职业教育哲学思想、以就业为导向的职业教育政策以及教学实践过程过于强调岗位职业技能培训等因素的影响,高职院校技术技能人才培养倾向于职业技能培养,对职业精神培养重视不够④,这导致培养出来的学生"不过是一般劳动者而非'高素质实用人才'"⑤。职业精神培养无疑应该加强,但若走向"重职业精神培养轻职业技能培养"的"另一端",显然也不合适。那么,高职院校技术技能人才培养该如何实施? 职业

---

① 13亿人找不出11个踢足球的? 姚明一语道出真相[EB/OL].(2016-11-01)[2016-11-03].http://sports.sohu.com/20161101/n472061129.shtml.

② 刘尚明.石化专业职业技能与职业精神培养高度融合的研究[J].广东职业技术教育与研究,2016(2):9-10.

③ 李淑敏,董会钰,杨俊玲.药品行业高职学生提高职业技能与培养职业精神融合途径研究[J].价值工程,2015(25):172.

④ 郑玉清.现代职业教育的理性选择:职业技能与职业精神的高度融合[J].职教论坛,2015(5):30-31.

⑤ 何桂美.论职业技能培养与职业道德教育的整合[J].理论月刊,2011(10):183-185.

技能与职业精神融合培养是一个被认同的方向。

　　"融合"一词对应的英文单词是 inclusion，其拉丁语词根是 includo，意为拥抱。"融合"其实并不是一个新的提法，在新闻、军事、工程、哲学和教育等学科中，均有"融合"的相关表述，如融合新闻学、信息融合技术、融合电网、不同哲学思想的融合与共生、融合教育（特殊学生与普通学生融合教育、农民工随迁子女融合教育）、创业教育与专业教育融合等。在李克强总理 2014 年强调职业技能与职业精神融合培养的重要性之前，国内较少看到将"融合"与"培养"连在一起的研究（即关于"融合培养"的研究）。不过，与之具有一定相似性的融合教育（inclusive education）的相关文献却较为丰富。

　　从已掌握的文献来看，"融合教育"可以分为"特殊学生与普通学生融合教育"和"农民工随迁子女融合教育"两类。国内外对特殊学生与普通学生的"融合教育"关注较多。这是一种正席卷全球的教育思想，由联合国教科文组织 1994 年 6 月在西班牙萨拉曼卡召开的世界特殊教育大会上明确提出，于 20 世纪 90 年代中期传到中国。它主张"接纳所有学生，反对歧视排斥，促进积极参与，注重集体合作，满足不同需求，建立全纳社会"[①]，它追求的是"建立全纳社会和实现全民教育"[②]。有研究者认为，融合教育是一个从隔离逐步走向融合的过程，更是一个理想与现实的折中、妥协的过程；它不应仅仅改变学习者的物理空间，更应该加强课程设计，推动课程的融合。[③]有研究者认为，融合教育应符合学生需求，设计多元教材，提供多元学习形态，这也要求教师具备"融合"的理念，并愿意承担增加的负担。[④] "农民工随迁子女融合教育"问题是一个在农民工迁移流动模式由"单身进城"向"举家迁徙"转变后产生的一个具有较强中国特色的问题。农民工随迁子女是城市重要的人力资源，他们的受教育程度和社会融合状况关系到未来城市化发展的规模和劳动力市场的培育。那么，该如何加强对他们的教育，促进他们融入城市？有研究者认为，可以通过城乡文化"双向互动"、人才培养"求

　　① 黄志成.全纳教育展望：对全纳教育发展近 10 年的若干思考[J].全球教育展望，2003(5)：30.

　　② 雷江华.融合教育导论[M].北京：北京大学出版社，2012：6.

　　③ 邓猛，颜廷睿.融合教育理论反思与本土化探索[M].北京：北京大学出版社，2014：13,115-117.

　　④ 吴淑美.融合教育理论与实务[M].新北：心理出版社，2016.

同存异"的途径来解决农民工随迁子女的教育和社会融合问题。① 有研究者认为,可以通过开发融合教育校本课程来满足农民工随迁子女的"融合教育需求"。② 这一类研究虽然相对而言数量较少,但相关成果对农民工随迁子女的"融合教育"问题进行了比较深入、细致的分析。从相关文献来看,虽然两类"融合教育"关注的对象有所不同,但这些对象也有一定的相似之处,即他们中的一部分处于强势地位,另一部分处于弱势地位,而且二者的融合有利于双方的发展。其实,职业技能培养和职业精神培养的关系也与它们相似。正因为如此,上述关于"融合教育"的一些观点,以及融合教育可以分为部分融合和完全融合的观点,也可以为职业技能与职业精神融合培养所借鉴。

近几年,国内关于"融合培养"的研究数量有了较大幅度的增加,研究者们对融合培养的必要性、模式、途径等进行了研究。

有研究者对高职院校职业技能与职业精神融合培养的必要性、职业技能培养与职业精神培养失衡的原因以及职业技能与职业精神融合培养的实践路径进行了研究。研究认为,职业技能与职业精神融合培养可以使学生"拥有可持续的职业发展能力";"办学目标错位、市场反应能力滞后和职业教育产业化挑战"等原因导致高职院校职业技能培养与职业精神培养失衡;高职院校可以通过"优化课程配比、提高综合实训质量、实现校园文化与企业文化对接"等途径促进职业技能培养与职业精神培养。③

有研究者从生命历程理论的视角,对高职学生职业技能与职业精神融合培养的模式进行了研究。该模式针对教学环节,进行职业技能与职业精神培养的顶层设计;针对学生自主学习,设计职业情境化的专业课程项目;针对"社会网络"育人,校企共建双师团队与职场文化;针对专业学生共性问题,开设职业精神培育专项课程。④

职业技能与职业精神的高度融合是现代职业教育的理性选择,有研究者认为,可以通过"搭建校企共同育人平台""在专业课程中融入职业精神的

① 黄兆信,万荣根.农民工随迁子女融合教育研究[M].北京:中国社会科学出版社,2014.

② 郭丽莹.农民工随迁子女融合教育校本课程开发研究[D].温州:温州大学,2012.

③ 艾红梅.高职院校职业技能与职业精神教育相融合的实践途径:以财经类专业为例[J].吉林省经济管理干部学院学报,2016(3):59-61.

④ 朱云峰.基于生命历程理论的职业技能与职业精神融合培养模式研究[J].职教通讯,2016(23):7-9.

培育""加强校企文化融合"和"将中华传统文化的精粹融入职业教育"等途径加强二者的融合培养。① 有研究者认为,可以通过在教学中普及职业精神,在选修课、第二课堂和校园文化建设等环节中融入职业精神教育等途径促进职业技能与职业精神的融合培养。② 有研究者认为,可以通过构建"以课程改革为抓手、以人才培养方案为支撑、以评价方法和校园文化氛围为保障"的培养体系来培养兼具职业技能与职业精神的高素质技能型人才。③ 有研究者认为,可以采取改革人才培养模式,建立知行合一的课程体系,建立"做中教,做中学"的教学模式,强化具有良好职业精神的教师队伍建设,建立真实或接近真实的实训平台,以及构建突出责任关怀的校园文化平台等措施促进职业技能与职业精神的融合培养。④ 还有研究者认为,可以将职业精神的培养融入教学内容设计,让学生在体验中理解职业精神的含义,从而在培养学生职业技能的同时培养其职业精神。⑤

通过上述分析可以发现,在已有的关于"融合培养"的研究中,研究者们热衷于提出融合培养的途径或措施,却未对融合培养的价值、理论基础、现实状况、体系、机制等问题做深入的探讨,这不仅使得研究成果显得比较单调,也使得融合培养的途径或措施提出的基础显得不够扎实,影响研究成果的理论深度和实践指导意义。

(四)文献综述的发现与启示

通过上述分析,可以得到以下几点启示:

第一,关于职业技能培养的研究,国内外已经取得了比较丰富的理论成果,这些成果部分契合了技术技能人才的成长规律,因而对技术技能人才培养实践具有一定的指导意义。不过,由于对职业精神在技术技能人才培养中的作用重视不够,相关理论研究成果不够完善,限制了技术技能人才培养

---

① 郑玉清.现代职业教育的理性选择:职业技能与职业精神的高度融合[J].职教论坛,2015(5):31-33.

② 付蕾.营销与策划专业职业技能和职业精神融合培养的研究[J].广州职业教育论坛,2015(5):62-64.

③ 孙建萍,雅梅.提高职业技能和培养职业精神融合途径的探讨[J].职业,2016(3):137-138.

④ 刘尚明.石化专业职业技能与职业精神培养高度融合的研究[J].广东职业技术教育与研究,2016(2):10-11.

⑤ 夏敬飞.高职职业技能教育需注入"职业精神"[J].漯河职业技术学院学报,2016(1):4.

质量的提高和学生的全面、可持续发展。关于职业精神培养的研究，国外的研究比较深入，其研究思路和研究工具具有一定的参考价值，但其研究范围偏窄，成果不易"移植"；国内研究的范围相对而言较宽，但不少研究的深度却显得不足，而且对职业精神与职业技能的相互作用重视不够。而且，这一领域国内外的研究成果数量与职业技能培养领域的相比明显偏少，这与相应实践领域情况一致。对职业精神的重视程度不够，这是以往的理论研究和实践呈现出的共同特点。本研究将对职业精神培养在以往的理论研究和实践中不受重视的原因进行深入分析，并提出相应的解决方法。

第二，职业技能与职业精神都是技术技能人才职业素质的构成要素，共存于技术技能人才培养活动中且相互作用。职业精神对职业技能的影响在部分研究中有所涉及，而职业技能对职业精神的影响的研究则比较少见。在以往的实践中，职业技能培养与职业精神培养处于一种"分离"状态，而且对它们之间的关系，学者们并未给予多少关注。在今后的实践中，期待二者能走向"融合"。本研究将对职业技能培养与职业精神培养之间的关系进行深入剖析，以便为二者由"分离"走向"融合"创造条件。

第三，在高职技术技能人才培养中，处于弱势地位的职业精神培养与处于强势地位的职业技能培养进行融合的价值是什么，它们的融合有无理论依据，是应该将职业技能培养融入职业精神培养还是将职业精神培养融入职业技能培养，或者统筹考虑职业技能与职业精神的培养，这些问题可以从"特殊学生与普通学生融合教育"和"农民工随迁子女融合教育"两类"融合教育"中得到一些启示。本研究将借鉴"融合教育"相关研究成果，并结合通过各种研究方法获得的数据资料和国外技术技能人才职业技能与职业精神融合培养的经验，对高职学生职业技能与职业精神融合培养的概念、价值、理论基础、方式、体系和机制等进行分析，以便为相应实践活动的开展提供一定的理论指导。

三、核心概念界定

概念是思维的起点，是人们进行判断和推理的基本要素[①]，因而对相关概念进行界定是科学研究中的一项重要的基础性工作。对高职学生职业技能与职业精神融合培养中的职业技能、职业精神和融合培养三个核心概念进行界定，可以为高职学生职业技能与职业精神融合培养问题的研究打好基础。

---

① 中国人民大学哲学系逻辑教研室.逻辑学[M].北京:中国人民大学出版社,1996:9-11.

（一）职业技能

技能是指"在一定知识和经验的基础上,经过练习而获得的'按某些规则或操作程序顺利完成某种智慧任务或身体协调任务'的'活动方式'",它一般可以分为心智技能和动作技能两类①。"智力技能"与"心智技能"往往被视为同一事物的两种不同表述,而"操作技能"与"动作技能"则不然,因为操作技能实际上是一种"依赖某种装置而存在的"特殊的动作技能。职业是指"个人在社会中所从事的作为主要生活来源的工作",是一个名词,它也可以作为形容词,指"专业的,非业余的"②。在高职院校技术技能人才培养实践中,"职业技能"中的"职业"应取"个人在社会中所从事的作为主要生活来源的工作"之义。因此,在高职院校技术技能人才培养实践中,职业技能是指在一定知识和经验的基础上,经过练习而获得的按某些规则或操作程序顺利完成某项职业活动的活动方式,它是顺利完成某项职业活动所需要的智力技能和动作技能的总和。

有研究者将高职院校技术技能人才培养实践中所培养的职业技能分为职业心智技能和职业操作技能两类,笔者认为这种分类并不准确,因为尽管很多高职专业培养的是"依赖某种装置而存在的"职业操作技能,但也有一些专业如体操专业、舞蹈专业,其培养的是并不依赖特定装置而存在的职业动作技能,因而应将高职院校技术技能人才培养实践中所培养的职业技能分为职业心智技能和职业动作技能两类。

（二）职业精神

职业精神是指在职业理性认识基础上的职业价值取向及其行为表现,具体表现为在职业活动中的"热情、严谨、细致、负责、高效的行为及风貌",它"既是一个人内在的认识思维系统,是对职业的理性认知及其崇尚景仰的心理状态,又是一个人外在的实践系统",对个体的"职业行为、职业形象、职业成效乃至群体的职业荣誉、职业地位与职业评价"都有一定影响③。职业

①　何应林.高职院校技能人才有效培养研究[M].西安:西安电子科技大学出版社,2016:30.

②　中国社会科学院语言研究所词典编辑室.现代汉语词典[Z].7版.北京:商务印书馆,2016:1683.

③　蒋晓雷.现代职业精神的培育[J].中国职业技术教育,2009(24):35;林幸福.回顾与展望:近15年来我国教师职业精神研究述评[J].中国职业技术教育,2016(15):81.

精神被认为是"职业素质的精神层面要求"①，与之相对应的是"职业素质的技能层面要求"——职业技能，而且职业精神与职业技能之间存在相互作用。所谓职业素质，是指"从业者在一定生理和心理条件基础上发展起来的，在职业活动中起决定性作用的、内在的、相对稳定的基本品质"②。与职业素质容易混淆的一个概念是职业素养。所谓职业素养，是指"职业内在的规范和要求"，"在职业过程中表现出来的综合品质，包含职业道德、职业技能、职业行为、职业作风和职业意识等方面"，它"强调动态的修身养性"，"注重后天的教化和培养"，这一点与职业素质不同，因为后者是"偏重于静态的度量"③。

（三）融合培养

如前所述，在新闻、军事、工程、哲学和教育等学科中，均有"融合"的相关表述。所谓"融合"，是指"几种不同的事物合成一体"，而"培养"则为"按照一定目的长期地教育和训练使其成长"④。因此，"融合培养"可以理解为是将要融合的各方合为一体，按照培养目标长期地教育和训练，使培养对象成长的活动。本研究所要探讨的高职学生职业技能与职业精神融合培养，是指在高职技术技能人才培养实践中，将职业技能培养和职业精神培养合为一体，按照培养目标长期地教育和训练学生，使学生获得成长。

为了正确认识和深入推进这一类活动，需要正确认识以下几个问题：（1）融合培养的可能性。事物的发展有两个方向，一个为分化，另一个为整合（融合）。分化可以使培养活动具有较强的针对性，而整合（融合）则可以发挥系统运作的力量。几项培养活动有没有可能融合，要看它们能否相互接纳、相互促进，以实现最终的培养目标。（2）融合培养的动力。融合培养涉及不同培养活动的汇聚与重组，需要克服不同培养活动间的阻力，其所需要付出的努力，可能远远超过单一培养活动所需努力之和。培养者是否有动力促成融合培养活动，要看该活动是否有可能取得有足够价值的成果。

---

① 孙晓玲.基于职业素质的高职职业精神内涵论[J].职教论坛,2012(6):63.

② 孙晓玲.基于职业素质的高职职业精神内涵论[J].职教论坛,2012(6):62.

③ 熊志强.基于职业素养培育视角的高职校园文化建设[J].思想教育研究,2013(8):72.

④ 中国社会科学院语言研究所词典编辑室.现代汉语词典[Z].7版.北京:商务印书馆,2016:1107,984.

(3)融合培养的类型。融合培养可以分为完全融合培养和部分融合培养两类[①]。完全融合培养是一种比较理想的状态,有较好的培养效果,但也有较大的实施难度。它需要将要融合的各方"打碎",按照融合培养目标"捏"出一种新的"培养活动"。一般情况下的融合培养是一种部分融合培养,要融合的各方相互影响与适应,经过一段时间的磨合之后,逐渐融为一体。(4)融合培养的层次。融合培养可分为物质、操作和理念三个层次[②]。物质层次的融合培养是指从教材、实训设备与场所等方面着手实施的融合培养;操作层次的融合培养是指从具体培养活动方面着手的融合培养;理念层次的融合培养是指培养者在意识上认同各方可以融为一体,可以按照融合培养的目标来统一安排培养活动。(5)融合培养的途径。融合培养的途径包括建设共同载体、融合各方相互借鉴、安排融合各方参与交叉作用活动等[③]。

四、研究思路与研究内容

(一)研究思路

在以往高职技术技能人才培养实践和相关理论研究中,职业技能与职业精神之间的相互作用未得到应有的重视,职业技能培养和职业精神培养处于"分离"状态,这导致相关理论研究成果不完善,技术技能人才培养实践的效果也大打折扣。为了改变这种状况,从根本上提高高职技术技能人才培养质量,并使高职学生获得全面、可持续的发展,本研究将从"融合"视角考虑职业技能与职业精神的培养问题,构建具有较强针对性和可操作性的高职学生职业技能与职业精神融合培养体系,并阐释高职学生职业技能与职业精神融合培养的机制。

具体研究思路为:首先,在前期研究和文献研究的基础上,对职业技能与职业精神的关系,以及融合培养的价值、理论基础和方式进行分析。其次,对浙江、广东、重庆、辽宁、河南等5省市9所不同类别高职院校中与信息、环保、健康、旅游、时尚、金融、高端装备制造、文化创意等8个产业对应的电子商务、绿色食品生产与检验、护理、旅游管理、服装与服饰设计、金融管理、模具设计与制造、动漫设计等8个高职专业的在校生进行综合型问卷

---

① 汤文仙.技术融合的理论内涵研究[J].科学管理研究,2006(4):34.
② 丁柏铨.媒介融合:概念、动因及利弊[J].南京社会科学,2011(11):93-94.
③ 任晓敏,王建坤.高等教育的世纪课题:理工互动与理工融合[J].中国大学教学,2000(1):21-22.

调查,对高职院校部分专业课教师、管理人员进行非结构型问卷调查,深入了解个案高职院校学生职业技能与职业精神融合培养的做法、特点以及存在的问题和原因,以了解高职学生职业技能与职业精神融合培养现状。最后,在上述研究的基础上,构建高职学生职业技能与职业精神融合培养体系,并对高职学生职业技能与职业精神融合培养的机制进行探索。

本研究基本分析框架见图 0-1。

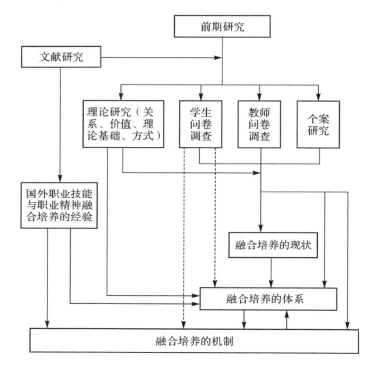

图 0-1 本研究的分析框架

(二)研究内容

根据上述研究思路,本研究的主要内容如下:

一是高职学生职业技能与职业精神融合培养的理论研究。(1)职业技能培养与职业精神培养的关系研究。分析高职学生职业技能培养存在的问题;分析职业精神培养在以往高职技术技能人才培养实践中不受重视的原因;分析在高职技术技能人才培养中,职业技能培养与职业精神培养关系的现状与发展趋势。(2)融合培养的价值研究。分析融合培养在促进学生职业精神培养、促进学生职业技能水平提高、促进学生可持续发展以及改变人们对高职学生群体和高职教育的看法等方面所具有的价值。（3）融合培养的理论基础研究。对人的全面发展理论和融合教育理论中可资高职学生职业技能与职业精神融合培养活动借鉴的内容进行梳理与分析。（4）融合培养的方式研究。对高职技术技能人才培养实践中职业技能与职业精神融合培养的三种可能方式进行分析，并指出当前和未来的高职学生职业技能与职业精神融合培养应采取的方式。

二是国外职业技能与职业精神融合培养的经验探寻。基于国内外相关文献，探寻德国、日本和瑞士三个国家职业技能与职业精神融合培养的经验，为高职学生职业技能与职业精神融合培养的体系构建和机制探索提供借鉴。

三是高职学生职业技能与职业精神融合培养的现状调研。（1）问卷调查。编制综合型问卷《高职学生职业技能与职业精神融合培养情况调查问卷（高职学生）》和非结构型问卷《高职学生职业技能与职业精神融合培养情况调查问卷（高职教师）》，分别使用它们对高职院校的学生、教师进行调查，以了解学生、教师对高职学生职业技能与职业精神融合培养的看法以及其所在学校的相关情况。（2）个案研究。以一所综合性公办高职学院为个案，通过调阅相关文献资料，深入了解其学生职业技能与职业精神融合培养的做法、特点以及存在的问题和原因，并对调查研究获得的资料进行检验与补充。在上述工作的基础上，指出高职学生职业技能与职业精神融合培养的现状，并提出改进对策。

四是高职学生职业技能与职业精神融合培养的体系构建与机制探索。（1）高职学生职业技能与职业精神融合培养的体系构建。分析构建高职学生职业技能与职业精神融合培养体系的必要性；对高职学生职业技能与职业精神融合培养体系的融合培养理念、融合培养目标、融合培养条件、融合培养活动等四个构成要素进行分析；对高职学生职业技能与职业精神融合培养体系实施中的几个问题进行分析。（2）高职学生职业技能与职业精神融合培养的机制探索。对高职学生职业技能与职业精神融合培养机制涉及的用人单位、高职院校、教师、学生等四个主体和社会因素的职能和作用进行分析；对由动力机制、运行机制和保障机制三者构成的高职学生职业技能与职业精神融合培养机制的构成情况进行分析；对高职学生职业技能与职业精神融合培养机制的优化对策进行分析。

五是研究结论与建议。在上述研究的基础上，得出本研究的研究结论，并对高职技术技能人才职业技能与职业精神的融合培养提出建议。

五、研究方法

根据上述分析框架,本研究运用文献研究法、调查研究法和个案研究法三种研究方法开展研究。

(一)文献研究法

文献研究法是指通过搜集、鉴别、整理和分析文献资料,而形成对事物及其规律的认识的方法。[1] 本研究通过搜集、鉴别、整理国内外职业技能与职业精神融合培养有关文献,了解学者们在这一问题的研究上所取得的成绩、存在的问题以及研究的发展趋势,从而为视角选择、思路确立、内容设计、方法选择、工具编制和观点论证等提供依据与支撑材料。

(二)调查研究法

调查研究法包括问卷调查法和访谈法,本研究运用的是问卷调查法。所谓问卷调查法,通常是指对较大人群样本,采取提问的方式获取数据资料,从而对所关心问题的现状进行统计性的描述、评价、解释和预测的一种研究方法。[2] 本研究编制了综合型问卷《高职学生职业技能与职业精神融合培养情况调查问卷(高职学生)》和非结构型问卷《高职学生职业技能与职业精神融合培养情况调查问卷(高职教师)》,运用随机抽样的方法,对浙江、广东、重庆、辽宁、河南等5省市9所高职院校中与信息、环保、健康、旅游、时尚、金融、高端装备制造、文化创意等8个产业对应的电子商务、绿色食品生产与检验、护理、旅游管理、服装与服饰设计、金融管理、模具设计与制造、动漫设计等8个高职专业的在校生进行综合型问卷调查,对部分高职院校专业课教师、管理人员进行非结构型问卷调查。通过对调查结果的分析,掌握学生、教师对高职学生职业技能与职业精神融合培养的看法以及其所在学校的相关情况,为融合培养体系构建和机制探索提供依据。

(三)个案研究法

个案研究法是指对一个有界限的系统,如一个个体、一个方案、一个团体、一个机构、一个地区等,运用多样的技术与手段搜集完整的资料,以做出深入、翔实的描述、阐述与分析,呈现出该系统的真实面貌与丰富背景,从而在此基础上做出判断、评价与预测的研究方法。[3] 本研究以一所综合性公办

---

[1] 张红霞.教育科学研究方法[M].北京:教育科学出版社,2009:257.

[2] 张红霞.教育科学研究方法[M].北京:教育科学出版社,2009:229.

[3] 和学新,徐文斌.教育研究方法[M].北京:北京师范大学出版社,2015:167.

高职学院为个案,通过调阅相关文献资料,深入了解其学生职业技能与职业精神融合培养的做法、特点以及存在的问题和原因,并对调查研究获得的资料进行检验与补充,以更好地掌握高职学生职业技能与职业精神融合培养的现实状况,并为融合培养机制的提出与阐释提供依据。

第一章 高职学生职业技能与职业精神融合培养的理论研究

李克强总理在 2014 年全国职教大会召开前强调,要把提高职业技能和培养职业精神高度融合;《高等职业教育创新发展行动计划(2015—2018年)》和《国家教育事业发展"十三五"规划》两个重要文件都将职业技能与职业精神高度融合视为国家教育改革与发展的重点工作,可见职业技能与职业精神高度融合极为重要。作为集中培养技术技能人才的组织,高职院校可以通过实施职业技能与职业精神融合培养来促进职业技能与职业精神高度融合。然而,在以往的高职技术技能人才培养实践中,职业精神培养没有得到应有的重视,职业技能培养与职业精神培养被"割裂"开来。为了改变这种状况,实现高职学生职业技能与职业精神融合培养,需要努力增进相关各方对融合培养的认识。因此,本章将对融合培养中职业技能与职业精神的关系,以及融合培养的价值、理论基础和方式等基本问题进行研究。

第一节 职业技能培养与职业精神培养的关系

职业技能培养与职业精神培养共同存在于高职技术技能人才培养实践中,并且都以技术技能人才培养实践活动为载体,因此笔者尝试通过分析高职技术技能人才培养实践活动来弄清楚二者之间的关系。在以往的高职技术技能人才培养实践中,职业技能培养占据主体地位,"职业技能培养"几乎成了"技术技能人才培养"的代名词,因而本节从职业技能培养存在的问题入手,继而分析职业精神培养在以往高职技术技能人才培养实践中不受重视的原因,最后对职业技能培养与职业精神培养关系的现状与发展趋势进行阐述。

一、高职学生职业技能培养概况及存在的问题

高职教育是应经济社会发展对技术技能人才的迫切需要而产生的一类高等教育,强化职业技能培养是其在自身条件不佳的状况下快速培养技术技能人才所采取的特殊措施,这一措施取得了很好的成效,使得高职教育为国家经济社会发展培养了大量高素质劳动者和技术技能人才。但是,在这一特殊措施的作用下,高职学生职业技能培养也偏离了正确的轨道,存在一定的问题。

（一）高职学生职业技能培养概况

在邓小平提出的"教育必须同国民经济发展的要求相适应"思想的指导下,为适应地方建设对专门人才的急需,20 世纪 80 年代初,一些大中城市创办了以"收费、走读、不包分配"为特征的短期职业大学,我国高等职业教育开始兴起。① 30 多年来,高职教育摸索前进,整体而言,学校数量越来越多,在校学生人数也飞速上涨。从教育部网站上可找到的历年"全国教育事业发展统计公报"中的相关数据来看,1994—1998 年,高职（专科）学校在校学生人数均为 100 多万;2004 年,高职（专科）学校在校学生人数达到 800 多万,此后不断上涨,2007 年突破 1000 万,并持续了 3 年;2010 年,高职（专科）学校在校学生人数回落到 730 多万,此后又不断上涨,到 2018 年,在校学生人数达 960 多万。具体情况见表 1-1。1999—2003 年高职（专科）学校在校学生人数的准确数值无法获得,但从普通高等学校全日制本科、高职（专科）在校学生数（见表 1-2）来看,高职（专科）学校在校学生人数估计也相当可观。

---

① 马树超,郭扬,等.中国高等职业教育:历史的抉择［M］.北京:高等教育出版社,2009:20-21.

表 1-1 高职(专科)学校及在校学生数量

年份	学校数/所	在校学生数/人
1994	453	1173723
1995	438	1207566
1996	424	1241048
1997	417	1297704
1998	432	1440720
2004	1047	8066088
2005	1091	8363606
2006	1147	9345756
2007	1168	10010928
2008	1184	10275936
2009	1215	11039490
2010	1246	7356384
2011	1280	7440640
2012	1297	7597826
2013	1321	7762196
2014	1327	8037639
2015	1341	8496576
2016	1359	8871552
2017	1388	9246856
2018	1418	9694866

表 1-2 普通高等学校及在校学生数量

年份	学校数/所	在校学生数/人
1999	1071	4085865
2000	1041	5505849
2001	1225	7190750
2002	1396	9033516
2003	1552	11085936

在高职院校中,学生除了"愿意且适合"走技能成才道路的之外,还包括"愿意但不适合"以及"不愿意"走技能成才道路的[①],而且,在高职教育发展过程中,特别是在发展早期,由于师资、设备、经费等条件都欠佳,不是所有高职学生都能成长为高素质技术技能人才。但是,从现实的角度考虑,在过去的 30 余年中,选择进入高职院校学习的学生,大多是没有其他更好选择的,他们唯有"既来之,则安之""学一行,爱一行",才有可能改变自己的不良处境。因此,高职院校的大多数学生都能完成学业,成长为具有一定技术技能水平的技术技能人才。鉴于高职教育历年在校生的庞大规模[②],高职教育30 多年来为国家经济社会发展培养出的技术技能人才数量应该也是一个巨大的数字。具体到制造业,高职教育仅在 2012—2016 年就为这一行业培养和输送了 170 万名毕业生,优化了我国制造业人力资源结构,为制造业向中高端迈进提供了有力的技术技能人才支撑。[③]

(二)高职学生职业技能培养存在的问题

根据多年来对高职院校技术技能人才培养实践的观察,笔者认为高职学生职业技能培养主要存在对职业技能培养的认识不足、职业技能培养条件不够完善和学生学习职业技能的积极性不高等三个方面的问题。

1. 对职业技能培养的认识不足

这主要体现在以下两个方面:

一是培养目标不清晰。这又可以从两个方面来看:"大目标"方面,也就是高职技术技能人才培养目标方面,一些高职院校不能及时把握国家高职教育人才培养目标(高职人才培养目标会随着经济社会发展的需要不断变化,例如,高职教育发展初期的人才培养目标是"高级技术员",21 世纪初期的人才培养目标是"高素质技能型人才",近几年普遍认可的人才培养目标是"高素质技术技能人才"),好不容易弄明白了,刚开始着手各项工作,国家

---

① 何应林.高职院校技能人才有效培养研究[M].西安:西安电子科技大学出版社,2016:47-48.

② 如果按照《关于印发〈教育部关于加强高职高专教育人才培养工作的意见〉的通知》(教高〔2000〕2 号)的说法,将成人高等教育也纳入"高职高专教育",高职教育在校生的规模将更加庞大。不过,笔者不大认同这一做法。在笔者看来,成人高等教育应该属于继续教育,它与高等职业教育有一定的区别。

③ 上海市教育科学研究院,麦可思研究院.2017 中国高等职业教育质量年度报告[M].北京:高等教育出版社,2017:54.

高职教育人才培养目标又调整了,这时候因为不能或者不愿意及时调整,所以表现得"后知后觉""反应迟钝"。"小目标"方面,也就是高职技术技能人才职业技能培养目标方面,一些高职院校不能妥善处理职业技能与职业精神、操作技能与心智技能之间的关系,重视外显、见效快的职业技能、操作技能的培养,对内隐、见效慢的职业精神、心智技能的培养重视不够。当然,一般高职院校都知道职业精神、心智技能重要,应该在人才培养过程中加以重视,因此在自身人才培养过程中,也会针对这些培养目标做一些安排。但由于这些安排不能与职业技能、操作技能的培养很好地融合在一起,因而使得职业技能的培养目标显得不清晰。

二是对职业技能培养的重要性认识不足。一提到职业技能培养的重要性,人们首先想到的是有利于学生就业或者是可以在各种技能竞赛中获奖,从而为学校赢得荣誉。这都没有错,而且可以进一步发展——对于前者,还有助于满足经济社会发展对技术技能人才的需要;对于后者,还有助于在社会上营造一种"技能宝贵""人人皆可成才"的社会氛围。但是,除了这些,职业技能培养其实还有一个重要作用——有助于学生的成长成才。目前,进入高职院校学习的学生大多是由于高考成绩不理想,当然也可能有极少数学生是出于对技能学习的热爱。对于前者,学好职业技能,甚至在各级各类职业技能竞赛中获奖,有助于他们重拾信心,重返成长成才的轨道;对于后者,学好职业技能,是对他们选择高职教育的很好肯定,可以让他们在适合自己的道路上走得更稳、更远。

2. 职业技能培养条件不够完善

职业技能培养是一项综合性的实践活动,需要很多条件的支持。例如,数量充足的高素质双师型教师,设备先进的生产性实训基地,与企业需求无缝对接的专业课程内容,合适的教学方法,充足的实践教学时间,等等。然而,由于不同高职院校自身及外部因素的限制,以及这些条件的配备也具有较大的难度,不少高职院校的职业技能培养条件都不够完善,具体表现在:师资数量不足,素质不高;实训基地数量偏少,设备更新速度偏低;专业课程内容与企业需求存在一定程度的脱节;技能教学方法单一、要求偏低;实践教学时间所占比例偏低。

3. 学生学习职业技能的积极性不高

高职院校学生可以分为愿意且适合走技能成才道路、愿意但不适合走技能成才道路以及不愿意走技能成才道路三类。第一类是高职院校技术技能人才培养的最佳对象,第二类是高职院校技术技能人才培养的尴尬对象,第三类是高职院校技术技能人才培养的错误对象。① 第三类学生学习职业技能的积极性不高,除非在老师的努力培养下转变成了前面两类学生。第二类学生在刚开始的时候学习职业技能的积极性可能比较高,但在持续遭受失败挫折的情况下,其积极性可能下降较快。第一类学生学习职业技能的积极性相对而言最高,但这一类学生的数量往往较少,而且其积极性容易受到外在诱惑的影响。因此,整体而言,高职院校学生学习职业技能的积极性不高。

二、职业精神培养在以往培养实践中不受重视的原因

在高职技术技能人才培养实践中,由于未能妥善处理职业技能与职业精神之间的关系,不重视职业精神的培养,导致技术技能人才培养质量大打折扣。人们无疑是十分重视技术技能人才培养质量的,但为何对与其休戚相关的职业精神的培养却不重视呢? 反思以往高职技术技能人才培养实践,可以发现大致有三个方面的原因:一是急功近利的职教政策导致职业精神培养不受重视,二是需求导向的办学思想导致职业精神培养不受重视,三是复杂、冗长的培养过程导致职业精神培养不受重视。

(一)急功近利的职教政策导致职业精神培养不受重视

我国职业教育政策往往对一定时间内培养的技术技能人才数量做出规定,例如,"三年五十万新技师"(劳社部发〔2003〕38 号),"'十一五'期间,为社会输送……1100 多万名高等职业院校毕业生"(国发〔2005〕35 号),"到2020 年,高技能人才总量达到 3900 万人,其中技师、高级技师达到 1000 万人左右"[《关于印发〈高技能人才队伍建设中长期规划(2010—2020 年)〉的通知》];偏爱提"加快技能人才培养",例如,"加快培养社会急需的高技能人才"(教高〔2004〕1 号),"切实加快技能人才培养,为新型工业化提供人力资源支持"(教职成〔2004〕12 号)。以政策发布时职业(高职)院校的人才培养能力,似乎不需要考虑学生基础和技能学习意愿以及职业(高职)院校培养条件,就能够在较短时间内培养出大量技师、高级技师等技术技能人才。虽然政策制定者加强技术技能人才培养工作的本意并无不妥之处,但这样的表述却显得有些"急功近利"。政策发布之后,教育行政部门是要组织评估的,其结果又与学校的经费、招生指标甚至领导职务的升降密切相关,因此,

---

① 　何应林.高职院校技能人才有效培养研究[M].西安:西安电子科技大学出版社,2016:47-48.

职业(高职)院校无不全力以赴。相对于培养职业精神这一精神层面的、隐性的职业素质,培养职业技能这一技能层面的、显性的职业素质就来得更加高效、划算,于是,"两害相权取其轻",忽视职业精神培养也就在所难免了。

(二)需求导向的办学思想导致职业精神培养不受重视

改革开放之初,经过外国列强的蹂躏、内战的消耗和革命运动的破坏,中国社会可谓"百废待兴",诞生于此时的高职教育成了推动经济社会发展的重要力量。在高职教育发展初期,面对国家经济社会发展对技术技能人才的迫切需求,尽管自身师资、设备、经费、生源等条件都欠佳,但高职院校没有慢条斯理地准备条件、等待发展时机,而是迅速投入人才培养实践,对需求大、见效快的职业技能进行"专项强化",在短时间内培养出了大量具有较高水平职业技能的人才,为我国经济社会发展做出了重要贡献。在这一时期,职业精神培养也不是完全没有,而是与思想政治教育活动混在一起。经过不断的发展,高职教育的人才培养质量有了较大的提升,但职业精神培养在技术技能人才培养实践中受到的重视仍然不够,这是因为在学生就业时,职业技能受到用人单位的高度重视,而不少高职院校将用人单位的需求和学生的就业率视为人才培养活动的重要方向和指标。

(三)复杂、冗长的培养过程导致职业精神培养不受重视

从一些招聘信息和对企业等用人单位的访谈了解到的情况来看,职业精神很受用人单位重视。例如,天津职业大学一位老师对到该校招聘的96家电子信息类企业所做的调查就发现,大多数企业(55家)认为,仅仅注重员工的专业技能无法满足当今社会的人才需求,员工的道德水准、工作态度等职业精神范畴要素将在企业的发展中起着举足轻重的作用,应受到更多的重视。[1] 既然如此,以用人单位对技术技能人才的需求和学生的就业率为办学导向的高职院校为何在技术技能人才培养实践中对职业精神的培养不重视呢?了解一下职业精神的培养过程与特点就不难发现这个问题的答案。

要培养学生良好的职业精神,首先应该确定培养目标。在职业精神的构成要素中,有一些是所有职业的从业者都应具备的,也有一些是与特定职业相关的。因此,在确定培养目标时,既要根据职业特点、社会需求和国家

---

[1] 贾海瀛. 职业技能与职业精神融合视阈下的人才培养方案研究与实践[J]. 职教论坛,2015(36):72-73.

有关政策规定确定一般性职业精神,如爱岗敬业、吃苦耐劳、团队合作、服务奉献、创新、公正等精神,也需要根据不同专业相关职业的现实情况确定本专业的特殊职业精神,如医学类专业的仁爱精神、师范类专业的爱生精神[①],管理类专业的团队合作精神,工学类专业的精益求精精神,等等。其次,应选择合适的培养活动。根据目前高职院校的办学条件与特点,高职院校学生职业精神的培养活动大致有以下两类:第一类,课程教学。通过职业精神主干课程(例如"职业生涯规划""自我管理""团队合作""职业沟通""创新创业""职业素质拓展""实务讲座""个性化就业指导"等)、专业课程(在专业课程中融入职业精神培养相关内容)、公共课程(例如"大学语文""社交礼仪""美术欣赏"等)、实践教学课程(校内实训课程、顶岗实习课程)等课程的教学进行职业精神培养。[②] 第二类,校园文化熏陶。将职业精神的元素融入校园物质环境建设、各种活动、规章制度建设和师生行为表现中,让学生从大一入学开始,就不断地受到校园文化的熏陶。再次,应找寻合适的评价方法。如前所述,职业精神既包括一般性职业精神也包括特殊职业精神,既需要通过各类课程的教学来培养,也需要通过校园文化熏陶来培养,而且,其培养贯穿人才培养全过程。对于不同种类职业精神的培养,是用定量方法还是用定性方法进行评价,还是用二者相结合的方法进行评价?对于不同课程中的职业精神培养,是进行过程性评价还是结果性评价,还是二者相结合的评价?对于通过校园文化熏陶活动进行的职业精神培养,其评价是单独安排还是并入相关课程中进行?……对这些问题,相关政策文件都没有给出明确的指示,需要不同院校结合校情创造性地解决。

在高职院校学生职业精神的培养中,从培养目标确定到培养方式找寻,再到培养条件完善,不同学校、不同专业面临的情况可能各不相同,整个过程十分复杂。与职业技能培养相比,它贯穿人才培养全过程,没有停歇,而且不到培养活动完全结束(学生毕业)也不能给出培养质量的最终评价结果,因而整个过程十分冗长。对于这样一种培养过程复杂、冗长,见效慢的职业素质的培养,尽管高职院校知道其重要性,但是对它的态度往往是"说

---

① 梁惠茵,杨素娟.现代教师职业精神研究综述[J].职教通讯,2013(31):76.

② 韩红梅.高职院校学生职业精神培育体系构建初探[J].黑龙江畜牧兽医,2017(4):247-249.

起来重要，干起来次要，忙起来不要"①。

三、职业技能培养与职业精神培养关系的现状与发展趋势

在高职技术技能人才培养实践中，职业技能培养与职业精神培养之间目前是什么关系？其发展趋势如何？弄清楚这两个问题，有利于正确把握高职学生职业技能与职业精神融合培养存在的问题，促进融合培养的顺利实施。

（一）"分离"：高职学生职业技能培养与职业精神培养关系的现状

如前所述，职业技能培养在高职技能人才培养实践中受到了较高的重视，尽管还存在一些问题，但培养了大量具有一定职业素养的技术技能人才，对国家经济社会的发展起到了积极的促进作用。正因为如此，职业技能培养在高职技能人才培养实践中越发受到重视。在这个过程中，职业精神培养不是完全没有，但是它处于"说起来重要，干起来次要，忙起来不要"的尴尬境地。在高职技术技能人才培养实践中，职业技能培养与职业精神培养不是融合在一起，而是处于一种"分离"状态。当然，这种"分离"不是一种完全分离，而是部分分离。在职业技能培养被当作实现高职技术技能人才培养目标的重要举措时，职业精神培养也存在于技术技能人才培养活动之中，只不过它是实现高职技术技能人才培养目标的辅助措施，是用来促进职业技能培养的。有人不免产生疑问：为什么高职学生职业技能培养与职业精神培养的关系是"部分分离"而不是"完全分离"呢？这是因为，作为技能性经验的职业技能的获得由明显的行动组成，如果行动与个体的兴趣、情感等因素脱离，行动就会处于一种机械化状态，这种状态中的个体缺乏完整地去感受和更深入地去思考实践意义和价值的能力②，这会影响到职业技能培养的效果。职业技能培养与职业精神培养目前这种"部分分离"的关系，是高职院校在过去 30 多年培养技术技能人才的过程中慢慢形成的，虽然在这样的关系下技术技能人才培养实践活动也能开展，但存在不少问题，这使得高职技术技能人才培养质量不能达到应有的水平，也影响着高职学生的全面发展。随着国家经济社会发展对高职技术技能人才素质要求的不断提

① 郭一盟.论高职院校学生职业精神的培养[J].华北水利水电大学学报（社会科学版），2016（5）：122.

② 薛栋.职业精神与中国职业教育人才培养质量提升[J].现代教育管理，2017（5）：108-110.

高,也为了满足高职学生全面发展的需要,高职院校应该推动二者关系的融合发展。

(二)由"分离"走向"融合":高职学生职业技能培养与职业精神培养关系的发展趋势

如前所述,目前高职学生职业技能培养与职业精神培养的关系是"部分分离"。因此,高职学生职业技能培养与职业精神培养关系的发展趋势可能有两种:一种是走向进一步分离,另一种是走向融合。如果职业技能培养与职业精神培养走向"进一步分离",高职学生在职业技能培养过程中将更少受到职业精神的影响,甚至完全不受职业精神的影响("完全分离")。这是一种与真实的职业实践不同的情况,在此情况下,职业技能的形成过程和形成结果都会不良,前者缺少必要的动力支持,后者呈现"营养不良"的状态。反之,如果职业技能培养与职业精神培养走向"融合",高职学生职业技能培养将更接近真实的职业实践需求,在此情况下,职业技能培养具有充足的动力,而且培养出来的职业技能能更好地满足职业实践的需要。显然,高职学生职业技能培养与职业精神培养的关系应由"分离"("部分分离")走向"融合"。

实质上,"部分分离"也就是"部分融合"(partial inclusion)。由"分离"("部分分离")走向"融合"的过程,也就是不断增进职业技能培养与职业精神培养的融合程度,最终走向"完全融合"(full inclusion)的过程。在"完全融合"情况下,高职技术技能人才培养实践中已经不存在单独的职业技能培养与职业精神培养,高职院校会根据职业技能和职业精神培养规律,以及自身拥有的条件对二者的培养进行统筹安排。这是一种比较理想的状态。达至这一状态,需要对规模庞大的高职教育现有的技术技能人才培养活动进行颠覆性改革。虽然就高职学生综合职业素质培养而言,这样做效果最好,但付出的代价会比较大。因此,在今后一段时期内,高职院校可能会采取一种"改良式"的行动,即在现有的技术技能人才培养实践中,将职业精神培养逐步融入职业技能培养中,让职业技能培养与职业精神培养不断走向"完全融合"。

第二节　高职学生职业技能与职业精神融合培养的价值

所谓价值，是指客体所具有的满足主体各种需要的客观特性。[①] 高职学生职业技能与职业精神融合培养具有促进学生职业精神的培养、促使学生职业技能水平进一步提高、促使学生获得可持续发展以及改变人们对高职学生群体和高职教育的看法等特性，可以较好地满足高职教育提高技术技能人才培养质量和获得可持续发展等需要。在大力提升职业教育人才培养质量的背景下，应积极推动高职学生职业技能与职业精神融合培养实践的开展。

一、促进学生职业精神的培养

职业精神是在理性认识职业的基础上形成的对职业崇尚景仰的心理状态以及相应的行为表现，常用来描述它的词语有严谨、细致、热情、负责等。如前所述，出于职业教育政策的急功近利、高职院校办学以用人单位对技术技能人才的需求和学生就业率为导向、职业精神培养过程冗长复杂等原因，职业精神在高职技术技能人才培养实践中不受重视。在部分高职院校的技术技能人才培养实践中，职业精神培养缺乏系统的设计与安排，只是在部分课程或教学环节有所涉及，职业精神培养活动的多寡和效果在很大程度上依赖于教师的态度和水平；有的时候，学校层面也会对职业精神的培养比较重视，但那大多是为了应对外界的检查或评价，一旦"外部动力"消失，或者有更加重要的事情需要应对，对职业精神培养的重视就会减弱，最后不了了之。如此情境下，职业精神的培养就得不到有效保障，这对于职业精神的形成是极为不利的。

实施高职学生职业技能与职业精神融合培养，在技术技能人才培养实践中明确职业精神的培养并予以严格考核落实，一方面可以使职业精神得到更多发展机会，为其形成提供基本保障，另一方面可以使职业精神得到更多来自职业技能的助力[②]，使职业精神的形成环境更接近于真实的职业实践，这些都有利于学生职业精神水平的提高。

---

① 夏征农，陈至立.辞海：第六版彩图本[Z].上海：上海辞书出版社，1999：1058.
② 刘尚明.石化专业职业技能与职业精神培养高度融合的研究[J].广东职业技术教育与研究，2016（2）：9-10.

二、促使学生职业技能水平进一步提高

职业技能是在一定知识和经验基础上,经过练习而获得的按某些规则或操作程序顺利完成某项职业活动的活动方式,它是顺利完成某项职业活动所需要的智力技能和动作技能的总和,其形成不仅受到生理成熟水平、智力水平、人格特征、知识经验与理论、动机、讲解与示范、反馈、练习和反思等因素①的影响,还受到与它一起存在于职业实践中的职业精神的影响。

职业精神对职业技能有三个方面的影响:第一,职业精神有助于职业技能的形成。职业精神会使学习者对所从事的职业产生热爱等积极情感,这样的情感会引导学习者努力学习职业技能的相关知识,理解职业技能的学习任务及其要求,经过任务分解、局部掌握、整体协调、反思完善等阶段,逐步掌握职业技能。第二,职业精神有助于职业技能的运用。职业精神会使学习者认真对待所面对的任务,努力运用所掌握的职业技能去解决问题。一旦出现问题,会积极思考对策,争取妥善解决。第三,职业精神有助于职业技能的创新。当所要解决的任务不是很复杂时,学习者只要具备一定水平的职业技能就可以顺利应对。当所要解决的任务复杂性大大增加,甚至还处于动态变化之中时,学习者在热爱、负责等职业精神的作用下,会努力提高职业技能水平,甚至对职业技能进行创新,以便能够自如应对。而且,即使所要解决的任务对职业技能水平的要求变化不大,具有热爱、负责等职业精神的学习者也会不断对职业技能进行创新,以使自己的职业技能能够始终处于一种良好的状态。

在高职教育发展初期,职业技能被当作"专项"来强化,它的训练时间十分充裕,得到的反馈也比较及时和充分,因而它可以达到的熟练程度比较高。但是,如此形成的职业技能是一种机械训练的产物,它的迁移能力不强。实施高职学生职业技能与职业精神融合培养,可以使职业技能在有真实职业精神②存在的情境中得到训练,如此形成的职业技能基础扎实,结构合理,适应性和可迁移性强,因而可以较好地应对各种任务。在这个过程中,职业技能会得到进一步的锻炼和发展,其水平会得到一定提高,而且,在职业精神的引领与支持下,它会不断地创新发展,从而达到更高的水平。

---

① 何应林.机械类高技能人才操作技能形成影响因素研究[D].天津:天津工程师范学院,2006.

② 在职业技能被当作"专项"来强化的情境中,职业精神培养不受重视,它以碎片化、非系统的形式存在,此时的职业精神与真实的职业精神存在差异。

三、促使学生获得可持续发展

所谓可持续发展,一般是指在发展中"既满足当代人的需要,又不对后代人满足他们需要的能力和机会构成威胁和危害"①。具体到人的发展,是指发展既要满足当前的需要,又不能对以后的发展产生不利影响。可持续发展的数量维(发展)、质量维(协调)和时间维(持续),从根本上表现了对发展——满足人的需求和进一步发展的愿望——的完满追求。②

高职教育的主要任务是将学生培养成生产、建设、管理、服务等一线岗位需要的高素质技术技能人才。要想让高职学生获得可持续的发展,就要在对其进行培养时,不仅仅着眼于培养企业等用人单位青睐的职业技能,还要考虑学生今后发展的需要,同时培养出能够与职业技能匹配的职业精神。在职业技能培养与职业精神培养"部分分离"的状况下,所培养出来的技术技能人才的职业技能可迁移能力不强,如果转岗就需要进行新的较长时间的培训;而职业精神培养效果则存在较大的个体差异,有的人职业精神水平较高,但有不少人职业精神水平不高,饱受社会诟病。可见,在这种状况下,较高水平的职业技能和能够与职业技能匹配的职业精神的培养目标都不能很好地实现,高职学生难以实现可持续发展。而在职业技能与职业精神融合培养的情况下,上述两个问题都可以得到较好的解决——所培养出来的技术技能人才,其职业技能在形成过程中可以得到职业精神的引导与支持,可以达到较高的水平,而其职业精神与真实职业实践中的职业精神一样,能够对职业技能的形成、运用与创新产生积极的影响,可以与职业技能较好地匹配。因此,对职业技能与职业精神进行融合培养,有助于将高职学生培养成具有较高水平的职业技能和能够与职业技能匹配的职业精神的技术技能人才,使学生获得可持续发展。

四、改变人们对高职学生群体和高职教育的看法

我国现代意义上的高职教育始于 1980 年国家教委批准成立的南京金陵职业大学等 13 所短期职业大学。由于培养了大量经济社会发展所需要的技术技能人才,高职教育受到了高度的重视。但是,由于多方面因素的影响,人们对高职教育的看法并不太好。

---

① 何中华.可持续发展面临的几个难题[J].天津社会科学,2000(1):4.
② 牛文元.可持续发展理论的内涵认知:纪念联合国里约环发大会 20 周年[J].中国人口·资源与环境,2012(5):11.

第一，人们对高职教育的发展缺乏文化认同。由于传统文化中"劳心者治人，劳力者治于人""学而优则仕""万般皆下品，唯有读书高"等文化理念的影响，人们对大多从事实践性职业的高职教育的毕业生的发展缺乏文化认同。[①]

第二，有关制度对高职教育存在一定的歧视。办学层次方面，高职教育长期被限制在专科层次发展，虽然现在有一些本科层次的高职教育探索，但其规模相当有限。招生录取方面，高职院校的招生录取长期被安排在本科院校之后，因而高职院校所录取的往往是被本科院校淘汰掉的或者分数较低根本无法考上本科院校的学生，而且后者占到多数，从而使得高职院校成了学业能力较差的学生（即所谓的"差生"）的"集中营"。学位方面，学位的本质是理论知识、技术知识或实践知识等"高深知识"的等级证明。按照我国《教育法》《高等教育法》《职业教育法》等法律的规定，接受高职教育的学生在毕业时只有毕业证而没有学位证，这就是说，接受高职教育的学生毕业时在理论知识、技术知识或实践知识等"高深知识"的学习上没有获得"等级证明"，与接受本科及以上层次普通高等教育的学生相比，接受高职教育的学生在这一点上明显就"低人一等"。升学方面，国家有关政策规定，"职业技术学院（或职业学院）毕业生经过一定选拔程序可以进入本科高等学校继续学习"[②]，但"招生规模要控制在国家计划限额内，而且要纳入各省（区、市）年度招生计划"[③]，因此，实际上能够得到升学机会的学生数量有限，大多数学生都被挡在本科院校门外。就业方面，高职教育毕业生在报考公务员等方面也会受到一定的限制。这些政策或文件，本意在于促进高职教育发展，但无形中对高职教育的形象造成了较大的伤害。

第三，高职教育学生的表现存在较多问题。高职院校学生不仅仅是高考成绩不理想，他们在平时的理论知识学习、技能训练和生活中也有一些欠佳表现，给人们的印象是"学习目标不明、兴趣不高、知识基础差；心理自卑、孤独、焦虑、困惑；品德不好、自觉性差、精神萎靡、喜欢打架斗殴；就业心态

---

①　许正中.中国现代职业教育理论体系研究[M].北京：人民出版社，2013：17-21.

②　中共中央国务院关于深化教育改革全面推进素质教育的决定[Z].中发〔1999〕9号，1999-06-13.

③　教育部，国家发展和改革委员会.教育部国家发展改革委关于编报2009年普通高等教育分学校分专业招生计划的通知[Z].教发函〔2009〕87号，2009-03-31.

不好、眼高手低"①。

高职教育发展的时间短、基础弱,加之上述因素的影响,人们对其看法很不好,觉得它是"失败者教育""末批次教育""断头教育"②,是针对"差生"的、劣质的高等教育。21世纪以来,党和政府高度重视高职教育的发展,实施了"国家示范性高职院校建设计划",每年举办全国职业院校技能大赛,使得高职教育的面貌有了较大的改观,人们对其的了解也有了增加,因而不少人对高职教育的看法有了一定的改变。但是,高职教育培养出来的学生,虽然大部分职业技能水平不错,但也有不少人缺乏爱岗敬业、吃苦耐劳、团结合作等职业精神,"能干事"但"不愿干事",或者"干不好事",给人们留下了不好的印象。实施高职学生职业技能与职业精神融合培养,培养出职业技能与职业精神俱佳的高职学生,有助于改变人们对高职学生群体和高职教育的看法。

第三节　高职学生职业技能与职业精神融合培养的理论基础

美国学者约翰·W.克雷斯威尔(John W. Creswell)指出,理论在定性研究中的运用有两种形式,一种是在研究中逐渐形成某种理论并把它放在研究的最后阶段,另一种是研究者从一开始就提出研究所依据的理论,并且用它引导整个研究,这些理论决定着研究过程中的研究问题。③ 本研究采用第二种形式来运用相关理论。本研究将以人的全面发展理论和融合教育理论两种理论为指导,探索高职学生职业技能与职业精神融合培养存在的问题,尝试构建高职学生职业技能与职业精神融合培养体系,并阐释高职学生职业技能与职业精神融合培养机制。

一、人的全面发展理论

人的全面发展是一个关涉教育目的的问题。在我国古代,人们就提出

① 刘洪一,李建求,徐平利,等.中国高等职业教育改革与发展研究:以深圳职业技术学院为例[M].北京:高等教育出版社,2008:25-26.

② 张衡.集体行动与秩序生成:高职学制政策变迁的政策网络分析[D].上海:华东师范大学,2013:151.

③ 克雷斯威尔.研究设计与写作指导:定性、定量与混合研究的路径[M].崔延强,译.重庆:重庆大学出版社,2007:95.

以"六艺"（礼、乐、射、御、书、数）促进人的全面发展；在古希腊，人们认为全面发展的人应该是"在理性支配下，身心都得到健康发展"的"完人"①。历史上，英国的阿诺德（Matthew Arnold）、欧文（Robert Owen），德国的歌德（Johann Wolfgang von Goethe）等很多思想家对人的全面发展问题进行过探讨，提出了人的全面发展的"理想"。不过，由于这些思想家"往往都是把人抽象化，'公然舍弃实际条件'，找不到从理想通往实际生活的现实道路"②，因而其"理想性"观点未能得到普遍认可。马克思在前人认识的基础上，从生产力、社会关系（制度）等维度对人的全面发展条件进行了分析，为人的全面发展寻找到了一条比较现实的道路。③ 他提出的人的全面发展理论，也成了"实现人的全面发展的重要指导思想"④。信奉马克思主义的国家和地区结合各自实际，对马克思主义人的全面发展理论进行了发展，从而使得这一理论不断完善。

在马克思主义理论中，人的全面发展有广义和狭义之分。广义的人的全面发展是指类和个体各方面都得到发展，狭义的人的全面发展是指个体的体力、智力、心理、品德、能力等各方面都得到发展。⑤

马克思主义关于类的全面发展的思想主要反映在以下四个方面⑥：一是类特性的全面发展，它既包括类意识的能动性，又包括类实践的能动性，其实质是人类主体性的充分发展和发挥，这是人区别于物和其他动物的本质特征；二是类社会关系的全面发展，它是指人类由以往封闭、落后的社会关系向开放、先进的社会关系发展，从而实现人的全面自由发展；三是类能力的全面发展，这些能力包括人类自我发展的能力、自我调控的能力、社会生产的能力、与外界协调的能力等；四是类的全面解放和充分自由的实现，它是人类全面发展的最终目的和综合反映。

马克思主义关于个体的全面发展的思想则主要反映在以下六个方面⑦：一是各种能力的发展，这些能力包括人的体力、智力、自然力、社会力、现实力、潜力等；二是人的自由个性的发展，自由个性是指人与人在特性方面的

---

① 郭晓君. 人的全面发展理论初探[J]. 中国人民大学学报，1997(2):28.
② 吴向东. 论马克思人的全面发展理论[J]. 马克思主义研究，2005(1):32.
③ 吴向东. 论马克思人的全面发展理论[J]. 马克思主义研究，2005(1):32.
④ 郭晓君. 人的全面发展理论初探[J]. 中国人民大学学报，1997(2):33.
⑤ 郭晓君. 人的全面发展理论初探[J]. 中国人民大学学报，1997(2):30-31.
⑥ 郭晓君. 人的全面发展理论初探[J]. 中国人民大学学报，1997(2):32.
⑦ 郭晓君. 人的全面发展理论初探[J]. 中国人民大学学报，1997(2):31.

差异,如兴趣、爱好、性格、心理、气质、行为特点等;三是社会关系的丰富和发展,它表现在人同自然的关系、人同世界的关系、人同自身的关系等方面;四是人的主体性的全面发展,它不但指人的目的性、自主性、能动性、创造性等特殊属性的充分发挥,而且指人成为自然界的主体、社会的主体和自我发展的主体,这是人全面发展的重要条件;五是个人价值的实现,它标志着个人能够满足社会的某种需要,在某一方面有所成就,得到社会的认同,如享有经济价值、政治价值、社会价值等;六是类特性,包括社会性、实践性和自觉能动性在个体身上得到充分发展。

本研究探讨高职学生职业技能与职业精神的融合培养,旨在培养兼具较高水平职业技能与较好职业精神的高素质技术技能人才,这涉及的是狭义的人的全面发展,即个体职业素质的全面发展。马克思指出,教育与生产劳动相结合是造就全面发展的人的唯一途径。[1] 在高职技术技能人才培养实践中,校内生产性实训和校外顶岗实训都属于"教育与生产劳动相结合"的教育活动,它们对将学生打造成为职业技能与职业精神全面发展的人具有重要意义。

二、融合教育理论

融合教育的直接起源是 20 世纪 50 年代美国爆发的民权运动,其思想基础是西方追求自由与平等的价值观和自由主义的哲学思想。在联合国教科文组织 1994 年于西班牙召开的世界特殊教育大会上,融合教育这一概念首次被明确提出[2]。在融合教育概念提出的初期,它专指特殊学生与普通学生的融合教育,后来,融合教育思想被运用到移民子女教育和农民工子女教育等领域,融合教育的内涵也随之扩展。

融合教育的基本理念是教育机会均等[3]。教育机会均等包括如下几个方面的含义:一是入学机会均等或入学不受歧视;二是受教育过程中的机会均等;三是取得学业成功的机会均等;四是不仅在获得知识上,而且在获得本领上的机会均等;五是那些在物质、经济、社会或文化方面处于最低层者应该而且应尽可能地通过系统得到补偿,这是机会均等应遵循的原则。[4] 可

---

① 胡飒.论马克思关于人的全面发展理论的基本内涵[J].湖南科技大学学报(社会科学版),2011(1):29.

② 马宇.我国残疾人高等融合教育支持体系研究[D].南京:南京师范大学,2014:23.

③ 雷江华.融合教育导论[M].北京:北京大学出版社,2012:23.

④ 顾明远.教育大辞典:第 6 卷[M].上海:上海教育出版社,1992:413.

见,教育机会均等包括教育起点机会的均等、教育过程机会的均等和教育结果机会的均等。要想获得结果机会的均等,就应该努力保证起点机会的均等和过程机会的均等。

融合教育是一种新的教育形式,其核心思想是"让所有儿童都得到教育,让所有儿童都得到适合他的教育,使每个儿童都得到最佳成长机遇和对社会生活的最佳适应"①,其最终目标是"服务所有学生,并让他们得到高品质的教育"②。

融合教育强调个体间的"相似性",主张每一个儿童都应在教育的主流里,若是他们有特殊需求,教育者就必须将其所需的相关服务或支持系统带进学校或教室里给他们③。融合教育可以分为物理空间的融合、社会性的融合和课程的融合三个层次,其中课程的融合是最高、最难的目标。④

融合教育是一个从隔离逐步走向融合的过程,更是一个理想与现实的折中与妥协过程。为了满足学生多样化的学习需求,融合教育不应仅仅改变物理环境,还应该改变心理环境,调整教学目标、教学内容、教学材料和教学活动⑤,并提供具有"融合"理念和能力的教师。进行融合教育课程调整时,应按照从少到多的顺序调整,先调整教学,再调整课程,如果课程调整后仍然无法满足学生的需求,则考虑采用替代性活动。⑥

本研究探讨高职学生职业技能与职业精神的融合培养,希望在高职技术技能人才培养过程中,职业精神培养能够获得与职业技能培养同等的机会。当然,仅有这样的机会是不够的,高职院校还需要对技术技能人才培养的物理环境和心理环境,以及教学目标、教学内容、教学材料和教学活动进行调整,并提供具有"融合"理念和能力的教师,以促成职业技能培养与职业

①　雷江华.融合教育导论[M].北京:北京大学出版社,2012:37.

②　King-Sears M E. Best academic practices for inclusive classrooms[J]. Focus on Exceptional Children,1997,29(7):1-23.

③　李宜学."融合教育"融什么? 合什么? ——融合班教师的教学信念与心理调适之研究[D].台南:台南大学,2006:16.

④　Booth T,Ainscow M. From them to us:an international study of inclusion in education[M]. London:Routledge,1998:15.

⑤　邓猛.融合教育理论反思与本土化探索[M].北京:北京大学出版社,2014:13,115-117;邓猛.融合教育理论指南[M].北京:北京大学出版社,2017:170-177.

⑥　Janney R,Snell M E. Modifying school work[M]. Baltimore:Paul H. Brookes,2000:26.

精神培养的融合,从而使得高职学生成长为具有较高水平职业技能与职业精神的全面发展的高素质技术技能人才。

第四节 高职学生职业技能与职业精神融合培养的方式

目前,在高职技术技能人才培养实践中,职业技能培养与职业精神培养处于"分离"状况。要想实现学生职业技能与职业精神融合培养,就需要考虑如何进行"融合"的问题。在高职技术技能人才培养实践中,学生职业技能培养与职业精神培养存在哪些可能的融合方式?高职院校究竟应该采取哪一种方式来实现二者的融合?

一、高职学生职业技能与职业精神融合培养的三种可能方式

如前所述,在高职技术技能人才培养实践中,职业技能培养与职业精神培养应该由"部分分离"("部分融合")逐渐走向"完全融合"。在这个过程中,高职学生职业技能与职业精神的融合培养存在三种可能的方式:第一种是将职业精神培养融入职业技能培养,第二种是将职业技能培养融入职业精神培养,第三种是统筹安排职业技能与职业精神的培养。

（一）将职业精神培养融入职业技能培养

在当前的高职技术技能人才培养实践中,职业技能培养目标主要通过课程教学(公共基础课、专业基础课、专业课、实践教学课)和文化熏陶(校园文化熏陶、企业文化熏陶)等来实现。职业精神培养目标实际上也可以通过公共基础课、专业基础课、专业课、实践教学课等课程的教学,以及校园文化和企业文化的熏陶来实现,只是由于在过去的技术技能人才培养实践中,职业精神培养的受重视程度不够,它只是在部分课程教学活动中出现,在文化熏陶活动中,对它的强调不够,所以职业精神培养在以往的技术技能人才培养实践中显得零散和薄弱。由于职业技能与职业精神有着相近的培养活动载体,而且本身又有着密切的相互作用,因此可以考虑将职业精神的培养融入职业技能的培养之中。实际上,也就是在课程教学和文化熏陶等活动中,补充开发职业精神培养相关内容,并使之与职业技能培养各部分的活动自然衔接起来,合为一体。

（二）将职业技能培养融入职业精神培养

如上所述,职业技能与职业精神有着相近的培养活动载体,而且本身又

有着密切的相互作用,那么,是否可以考虑将职业技能培养融入职业精神培养呢?从理论上讲,这样做应该也是可行的。只是,由于在过去的技术技能人才培养实践中,职业技能培养活动已经形成了比较成熟的活动体系,而职业精神培养相较而言则要薄弱很多,如果将职业技能培养融入职业精神培养,则要先构建与完善职业精神培养活动体系,再尝试将职业技能培养有关活动与职业精神培养活动体系中的活动衔接起来。俗话说,教无定法。为了培养高职学生的职业精神,可以构建出很多不同的培养活动体系来。如果这一步行动在先,为了实现与职业精神培养活动体系的衔接,就要先确定究竟采用哪一种职业精神培养活动体系进行职业精神培养,然后根据这种体系对现有的职业技能培养活动进行"裁剪"。与前一种融合培养方式相比,如果采用这一种方式,高职院校需要做的工作要多很多。

（三）统筹安排职业技能与职业精神的培养

职业技能与职业精神是职业实践活动中的两个重要元素,它们同时存在且相互作用,和谐共处。如果将它们中的一个"剥离"出来,另一个就会因为失去了一个"力"的作用而在职业实践活动中失去原有的平衡,继而影响到职业实践活动的运行过程与结果。也就是说,职业技能与职业精神对于职业实践活动而言都是不可或缺的。其实,职业技能与职业精神也离不开职业实践活动,它们的形成以及积极作用的发挥都需要职业实践活动这一载体。既然如此,共存于职业实践活动中且存在相互作用的职业技能与职业精神的培养就不应该是两个独立的体系,应该统筹安排。

二、高职学生职业技能与职业精神融合培养应采取的方式

从上面的分析可以看出,"统筹安排职业技能与职业精神的培养"最符合职业技能培养和职业精神培养的规律,培养效果最好,但若采取这一方式,规模庞大的高职教育需要对现有的技术技能人才培养活动进行颠覆性改革,付出的代价将会很大;"将职业技能培养融入职业精神培养"与"将职业精神培养融入职业技能培养"两种方式,都属于对高职技术技能人才培养实践的"改良式"变革,二者的培养效果从理论上来讲应该没有区别,但是,由于在当前的高职技术技能人才培养实践中,职业技能培养已形成比较完整的体系而职业精神培养尚未形成完整的体系,因而若采取"将职业技能培养融入职业精神培养"这一方式,高职院校需要做很多的建设与调整工作。因此,综合考虑职业技能与职业精神融合培养的可行性和效果,笔者认为当前高职学生职业技能与职业精神的融合培养应采取"将职业精神培养融入职业技能培养"这一方式。当然,随着融合培养条件的完善和企业等用人单位对技术技能人才综合职业素质要求的提高,高职学生职业技能与职业精神的融合培养最终应该采取"统筹安排职业技能与职业精神的培养"这一方式。

第二章　国外职业技能与职业精神融合培养的经验探寻

作为职业技能与职业精神融合培养的结果，同时具有较高水平职业技能与职业精神的技术技能人才可以生产出具有较高质量的产品，这些产品会给人们留下直观而深刻的印象，人们在欣赏它们时，往往追本溯源，对这些产品的高素质生产者乃至其所在国家的技术技能人才培养活动给予高度的评价。因此，人们可以借由某个国家的产品质量来判断该国技术技能人才培养实践中职业技能与职业精神融合培养的程度。当前，能够生产出优质产品的国家有很多，尤以德国、日本和瑞士让人印象深刻。一提到这三个国家，人们就会想到它们生产的汽车、电器、钟表等高质量产品，以及这些国家技术技能人才高水平的职业技能与职业精神。为了给高职学生职业技能与职业精神融合培养的体系构建与机制分析提供可资借鉴的经验，本章将对德国、日本和瑞士三个国家职业技能与职业精神融合培养的经验进行梳理与分析。

第一节　德国、日本、瑞士职业技能与职业精神融合培养的特点与经验

"职业技能与职业精神融合培养"是我国近几年才出现的一个表述，在关于德国、日本和瑞士等国家职业教育和技术技能人才培养的相关文献中，

难觅其踪影。然而,这几个国家的技术技能人才所显现出来的高素质,又表明其职业技能与职业精神融合培养工作做得很好。因此,笔者在研读大量目标国家相关文献的基础上,归纳出了如下一些职业技能与职业精神融合培养的特点与经验,以供我国高职学生职业技能与职业精神融合培养实践借鉴。由于搜集到的文献有限,对相关国家职业技能与职业精神融合培养工作的了解可能不够全面,因此本部分不按国别进行阐述,而是将相关内容整合后分条阐述。

一、技术技能人才拥有较高社会地位与收入水平

技术技能人才拥有较高社会地位与收入水平可以从两个方面促进职业技能与职业精神的融合培养:一方面,它有利于现有的技术技能人才安于本职工作,潜心钻研职业技能,不断磨砺职业精神;另一方面,它可以激励尚处于职前学习阶段的职业院校的学生努力学习,争取成为兼具较高水平职业技能与职业精神的技术技能人才。

第一,有利于现有的技术技能人才安于本职工作,潜心钻研职业技能,不断磨砺职业精神。在德国,技工是一个很受尊敬的群体,享有较高的声誉,受到人们的尊重。德国前总统赫尔佐克曾指出,"为保持经济竞争力,德国需要的不是更多博士,而是更多技师"。德国社会普遍认为,职业无尊卑贵贱之分,只是分工不同,技工等技术技能人才所从事的职业能够创造具有高质量的产品,同样创造出社会价值,理应受到全社会的尊重。① 另外,完成了职业教育的德国人大部分都能找到一份比较稳定的工作,其收入和社会地位在德国社会都能达到中等水平,少数获得师傅资质的技术工人的收入也可能接近工程师或大学教授等高收入群体的收入。② 正因为拥有较高的社会地位与收入水平,德国的技术技能人才愿意将大量的时间和精力投入本职工作,潜心钻研职业技能,不断磨砺职业精神,助力企业打造自身品牌,也为自己赢得更好的声誉和更多的收益。

第二,激励尚处于职前学习阶段的职业院校学生努力学习,争取成为兼具较高水平职业技能与职业精神的技术技能人才。为了生存,几乎每个人在社会上都会从事一定的职业,如果技术技能人才相关职业拥有较高社会

① 徐春辉.德国"工匠精神"的发展进程、基本特征与原因追溯[J].人大复印资料(职业技术教育),2017(10):21.

② 李俊.德国职业教育的想象、现实与启示:再论德国职业教育发展的社会原因[J].外国教育研究,2016(8):16.

地位与收入水平,对于处于职前学习阶段的职业院校学生无疑会产生较大的吸引力。如果他们愿意走技术技能成才之路,就会努力按照相关职业对人才的素质要求去提升自己的职业技能与职业精神。德国有较高比例的适龄青年选择接受职业教育,可能就跟该国技术技能人才拥有较高社会地位与收入水平有关。当然,德国职业教育近年来也面临着适龄学生倾向于读大学而非接受职业培训的挑战,原因是德国生源紧缩,年轻人接受教育的选择空间加大,而完成了双元制培训或学校职业教育人群的收入水平明显低于完成高等教育人群的收入水平。①

二、形成了认同职业教育的社会氛围

职业教育是与经济社会发展联系十分密切的一类教育,如果引导全社会深刻认识职业教育的价值,形成认同职业教育的良好社会氛围,有利于充分发挥职业教育的积极作用,为经济社会发展培养大量兼具较高水平职业技能与职业精神的高素质技术技能人才。

在德国,技术、工艺、操作技能及其训练都被视为科学,起源于中世纪的"师徒制"也由于师傅地位高、学徒认为自己有前途而大受追捧,这种"不鄙视技能"的文化传统对其职业教育产生了很深的影响——多数家长在孩子中学教育结束后很自然地为其寻找"双元制"培训的位置,很多企业顺理成章地提供培训位置,绝大多数青年人愿意接受双元制职业教育②。德国政府将职业教育视为德国在国际市场竞争中的原动力,认为它是德国经济发展的柱石;企业将职业教育视为产品质量的保障,认为它是自身生存与竞争的手段;普通民众则将职业教育视为自己生存最重要的基础及个性发展、实现自身价值和获得社会认可的重要前提③。因此,德国社会形成了认同职业教育的良好社会氛围。加之德国的宗教伦理、民族性格、企业文化和工程师文化等文化要素的作用④,很多德国民众成了兼具较高水平职业技能与职业精神的技术技能人才,这使得"德国制造"由曾经的"抄袭、劣质和仿冒品的代

---

① 陈正.德国迎来双元制职业教育的"春天"[J].世界教育信息,2017(11):75;杨佩昌.为何德国也出现了"技工荒"?[J].企业管理,2016(10):29;李俊.德国职业教育的想象、现实与启示:再论德国职业教育发展的社会原因[J].外国教育研究,2016(8):16.

② 翟海魂.发达国家职业技术教育历史演进[M].上海:上海教育出版社,2008:248-249.

③ 石伟平.比较职业技术教育[M].上海:华东师范大学出版社,2001:82.

④ 徐春辉.德国"工匠精神"的发展进程、基本特征与原因追溯[J].人大复印资料(职业技术教育),2017(10):20.

名词"①变成了现在"高质量""值得信赖"产品的典型代表。

在瑞士,职业教育发展也有着良好的社会氛围。瑞士很早就形成了重视职业教育的传统。早在 1848 年,瑞士联邦宪法就确立了技术教育的地位,同年还颁布了经费资助法,明确了联邦政府和公立企业资助职业教育的责任;1930 年,瑞士颁布了第一部联邦职业教育法,明确规定职业教育由联邦政府统一管理,徒工有参加职业培训考试和上职业学校的义务。② 瑞士人普遍认为,职业教育是开展人力资源培训、全面提高劳动者素质的重要举措,是瑞士经济和科技发展的最重要因素之一,是瑞士经济腾飞的"秘密武器",如果自己的孩子根据自身条件和兴趣爱好选择进入职业院校学习,他们并不会觉得这会低人一等。③ 正因为对职业教育极为重视,尽管国土面积很小,而且资源严重匮乏,瑞士却在国际竞争力总排名中长期位居榜首。

三、重视对技术技能人才职业精神的培养

职业技能是职业素质的技能层面要求,其水平高低比较容易判断,而且学习起来见效快;职业精神是职业素质的精神层面要求,其水平高低相对而言难以判断,而且学习起来见效慢。在对产品与服务的质量要求不高的情况下,人们容易倾向于重视技术技能人才的职业技能培养而忽视职业精神培养,这不利于职业技能与职业精神的融合培养;反之,人们会在重视技术技能人才的职业技能培养的同时重视职业精神的培养,从而使职业技能培养与职业精神培养可以较好地融合在一起。可见,对技术技能人才的职业技能这一"显性"职业素质的培养在一般情况下都会受到重视,职业技能培养与职业精神培养融合程度的高低和对职业精神这一"隐性"职业素质的培养的重视程度正相关。

日本在培养技术技能人才时很重视职业精神的培养。日本的职业学校如关西机动车整备专门学校和神户高等技术专门学院,从目标定向到教育过程,再到结果考核,都保证了职业精神的充分发育与强化。目标定向方面,将"高超的技术能力、敬业尽职的精神、组织和个人生涯发展的理念、职业人的认同和自豪感等"作为技术技能人才培养目标,明确规定要培养职业

---

① 邓德艾,范毅强.工匠精神培育与高职创新发展研究:以德国和日本转型期的发展特征为借鉴[J].南方职业教育学刊,2017(5):8-9.

② 姜大源.当代世界职业教育发展趋势研究[M].北京:电子工业出版社,2012:382.

③ 黄志纯.瑞士高等职业教育的特色、经验与启示[J].江苏高教,2010(2):148;王瑛.瑞士高等职业教育的成功经验及其对我国的启示[J].黑龙江高教研究,2007(5):94.

精神,还通过严格的入学考试、开展作品展览和职业人展示、深入企业访问和增强职业资格的吸引力等途径来加强学生对职业精神的重视;教育过程方面,采取实践主导的课程模式、立体化的授课方式和自主探究的学习方式来为学生构建职业化的学习生活;结果考核方面,采取平时检查、期末考核和毕业考核相结合的方式,全面、严格监控技术技能人才培养质量。①

在日本的技术技能人才培养中,企业职业培训比职业学校发挥着更加重要的作用,被誉为日本职业教育的"主要支柱"和日本经济奇迹的"主要依靠力量"②。在企业职业培训中,职业精神培养往往是重要内容。例如,创立于 1971 年的日本著名企业"秋山木工",其创始人秋山利辉很重视员工职业精神的培养,他在生活、工作、培训的各个环节,反复引导与训练员工,不断磨炼员工的心性和品格,培养他们一流的职业精神。通过八年的培养和训练(一年准学徒,三年学徒,四年工匠),秋山木工的员工成为技术精湛、品行优良、客户信赖的一流工匠③。

四、重视人才培养活动的整体性

人才培养是按照一定目的对受教育者进行教育和训练,以使其成长为具有一定特长的人或者德才兼备的人的活动。人才培养过程中所开展的"教育和训练",都是围绕着人才培养目标进行的,其内部各要素之间具有紧密的联系与相互作用,它们共同作用于受教育者,决定着人才培养目标的实现。以技术技能人才为培养目标的职业教育,为了实现其人才培养目标,尤其要重视培养过程中各要素之间的相互作用,重视培养活动的整体性。这是因为,技术技能人才培养活动要与社会需求"无缝对接",培养活动一结束,技术技能人才就要能够解决生产、建设、管理、服务等一线岗位上的实践难题。

在德国的技术技能人才培养实践中,对人才培养活动整体性的重视体现在两个方面:第一,要严格、连续完成整个人才培养活动的各个环节。在典型的双元制职业教育中,几乎不能通过选修不同的模块累积学分或取得

---

① 刘德恩.日本人的职业精神从哪里来:日本职业学校的考察与启示[J].河南职业技术师范学院学报(职业教育版),2004(3):52-54.

② 马歇尔,塔克.教育与国家财富:思考与生存[M].顾建新,赵友华,译.北京:教育科学出版社,2003:252.

③ 秋山利辉.匠人精神Ⅱ:追求极致的日式工作法[M].陈晓丽,译.北京:中信出版社,2017:167.

模块化证书的方式来完成学业,学徒要想获得职业资格,需要连续地完成三年的工学交替式培训。① 这种比较保守的安排对于部分学习者来说可能会比较痛苦,因为他们不愿意付出大量的努力去完成部分学习环节的学习,甚至有少数学习者无论如何努力都无法完成部分学习环节的学习。由于这样的安排有利于培养出良好的职业行动能力和较高水平的职业精神,因而尽管存在一定的不足之处,不少德国学者仍然支持通过这样的安排来培养技术技能人才。第二,学习内容的安排从分科的专业知识与技能转向综合了多个学科知识和技能的学习单元。例如,在一些商业职业学校,教学大纲从单一学科如经济学或会计学的固定结构,转向更符合真实职业情境和典型商业流程的不同学科内容的多维综合,以学习单元"协议合同"为例,它就综合了法律、会计、市场营销等多个学科的知识。②

　　日本的技术技能人才培养实践也很重视人才培养活动的整体性。以秋山木工会社的"一流工匠"培养活动为例,在八年的培养周期中,学习者要做四年的学徒(一年的准学徒、三年的正式学徒),还要作为匠人带四年的学徒。秋山利辉认为,将一些缺乏制作经验的学徒集中起来进行训练,仅仅让他们去体验、去经历失败、去学习……完成这样一个训练周期,肯定是不够的,还必须调动他们所有的感觉器官,包括利用耳闻目睹的信息和手上的体验来学习才行。③ 作为匠人带学徒时,"学习者"可以通过教学相长来进一步提高自己。另外,秋山利辉不仅对学徒在会社内八年的学习、工作和生活做了完整的规划并严格执行,还很重视家庭在学徒成长中的作用,因而在入社录用前的面试环节,即使他心里已基本确定要录用某个人,他也一定要去被面试者的家造访,和他的父母进行至少三个小时的交谈,以确认他们是否有决心和自己一起培养孩子。此外,秋山利辉认为,社会的真诚帮助(例如客户的帮助)对学徒的成长也很重要,是培养出合格匠人的"三位一体"条件(个人努力、父母的爱以及社会的真诚帮助)的重要组成部分。④ 正是由于对工匠的培养做出了整体设计并积极利用各种有利条件全面推进,秋山木工

　　① 李俊.德国职业教育哲学简析[J].职教论坛,2018(2):24.

　　② 罗建河,陈梅.似而不同:瑞士、德国职业教育体系中的"学徒期制"比较分析[J].职业技术教育,2015(25):76.

　　③ 秋山利辉.匠人精神Ⅱ:追求极致的日式工作法[M].陈晓丽,译.北京:中信出版社,2017:86-87.

　　④ 秋山利辉.匠人精神Ⅱ:追求极致的日式工作法[M].陈晓丽,译.北京:中信出版社,2017:155.

的工匠培养取得了很好的效果,培养出来的工匠在日本家具业界广受欢迎。

五、人才培养过程中实践活动所占比重大

技术技能人才职业技能与职业精神的培养无疑都需要学习者进行理论学习,但更需要进行大量的实践,因为大量的实践有利于职业技能的习得、巩固以达到自动化水平,有利于职业精神的形成和内化。德国不来梅大学菲利克斯·劳耐尔教授指出,任何一个职业最终只能在实践中学会,这是一个从初学者到专家的能力发展过程,这需要与之配套的理论与实践相结合的双元制职业教育,而不仅仅是学术教育;这不是一个文化问题,而是规律性的问题。[①] 劳耐尔教授这里所说的"职业",包含胜任某一职业岗位所需要的职业技能与职业精神。

在德国的双元制职业教育中,学习者的学习包括专业知识学习和实践操作培训两部分,前者的实施场所为职业院校,后者的实施场所为企业。学习者每周在职业院校学习1~1.5天,其余时间在企业接受培训,或者,每个月集中一周或每个学期集中几个月在职业院校学习,其余时间在企业培训[②],在企业接受培训的时间要多于在职业院校学习的时间。当然,在德国不同地区,学习者接受专业知识学习和实践操作培训所占时间的比例有所不同。例如,在面积最大的巴伐利亚州,这个比例约为1:4,而在工业化程度最高的萨克森州,这个比例约为3:7(每周在职业院校学习1.5天,在企业培训3.5天)。[③] 在双元制职业教育中,课程体系与教学体系的构建以企业生产实践所需要的岗位技能为中心,实践课程所占比例达到总课程的一半以上。[④] 正是在这样的理论与实践紧密结合、实践机会丰富的人才培养模式中,学习者通过大量、反复的实践训练较好地掌握了职业技能;同时,在企业注重细节与质量、精益求精、不断创新的氛围中,学习者潜移默化地形成

---

① 莫玉婉,贺艳芳.论双轨平行的教育体系与职业能力建设:德国职业教育专家菲利克斯·劳耐尔教授访谈录[J].高校教育管理,2017(4):7.

② 刘淑云,祁占勇.德国职业教育制度的发展历程、基本特征及启示[J].当代职业教育,2017(6):107-108.

③ 吕维勇,裴延涛.德国高职学生职业技能与职业精神的培养:以高职电气类专业学生为例[J].郑州铁路职业技术学院学报,2017(2):40.

④ 徐春辉.德国"工匠精神"的发展进程、基本特征与原因追溯[J].人大复印资料(职业技术教育),2017(10):21;吕维勇,裴延涛.德国高职学生职业技能与职业精神的培养:以高职电气类专业学生为例[J].郑州铁路职业技术学院学报,2017(2):40.

了忠诚敬业、严谨守序、不断创新①的良好职业精神。

六、重视教师的实践经验和教学能力培养

作为传道、授业、解惑者,教师对学习者成长的重要性是不言而喻的。在技术技能人才的培养中,教师不仅要向学习者传授专业知识,还要培养他们解决生产、建设、服务、管理等一线实际问题的职业技能以及与之"配套"的职业精神,这对我国职业院校通过"普通高校课程学习＋入职培训"模式培养出来的教师来说是一个很大的挑战,因为他们"缺乏实践经验",而且"教学能力不足"②。为了解决这个问题,一些职业院校大量聘请企业人员担任兼职教师,或者从企业引进专职教师,这些来自企业的教师虽然有一定的实践经验,但同样存在"教学能力不足"的问题。

与我国相比,瑞士在解决职业院校教师"缺乏实践经验"和"教学能力不足"问题上做得比较好。瑞士职业教育中的师资有三类,第一类是在职业学校和培训中心从事基础文化课程讲授的普通教育类师资,第二类是在职业学校或培训中心从事专业知识讲授的专业类师资,第三类是在职业学校和企业中指导学生实践操作的实训教员。这些师资的培养都包括专业知识和技能培养、教学实践能力培养两个部分。专业知识和技能培养主要由大学教学来完成,或通过从实践一线选拔师资培养对象予以解决;教学实践能力培养就是接受教育学、教学论指导下的教学训练,主要由瑞士联邦职业教育研究所(SIBP)实施。只有当两者都达到要求后,教师才能上岗。③ 瑞士教育部门规定,普通教育类师资主要由大学培养,但同时必须接受由 SIBP 组织的至少 300 学时的教育培训。专业类师资一般要求高等职业学校或大学毕业,并至少两年的从业经历,通过 SIBP 的至少 600 学时的任职培训;实训教员要求取得师傅资格并且至少有两年的实践经历,同时完成 100 学时的教育学方面的培养。④ 可见,瑞士对职业院校教师的"实践经验"和"教学能力培养"都很重视,在教师入职条件中做了明确、严格的规定。这对于保证职业院校教师队伍水平,进而提高技术技能人才培养质量具有重要的意义。

---

① 邓涛,陈婧."德国制造"职业精神之历史文化溯源[J].西北工业大学学报(社会科学版),2017(2):32-33.

② 石伟平,付雪凌.职教师资培养体系须重新系统设计[N].中国教育报,2018-04-24(9).

③ 陈利.瑞士学徒制职业教育模式研究[D].重庆:西南大学,2007:22.

④ 陈利.瑞士学徒制职业教育模式研究[D].重庆:西南大学,2007:22.

七、为学生提供职业指导

前文提到,职业院校学生可以分为"愿意且适合"、"愿意但不适合"以及"不愿意"走技能成才道路的三类。毫无疑问,要想高效地培养技术技能人才,职业院校招录的学生最好是"愿意且适合"走技能成才道路的。如何才能让学生明白自己是否"愿意且适合"走技能成才道路?为学生提供职业指导是一条重要的途径。

瑞士非常重视为学生提供系统的职业指导,以便他们能够做出适合自己特点的职业选择。[①] 瑞士从小学二三年级开始就开设手工课,通过这些课程让学生初步了解职业,培养他们对职业的兴趣。从初中二年级开始,为学生提供有学校老师、家长和地方职业指导局参与的系统的职业指导。在这一活动中,配备专门的教师和教科书,还有教师参考书和家长手册,而且教师会通过问卷调查、测量或观察等方式对学生的兴趣和能力进行评价,并引导学生了解各种类型的社会职业。在此基础上,教师会选出与学生特点大致相适应的 25～30 个职业与学生进行讨论,进一步引导他们选择适合自己的职业。职业指导局则会派代表给学生讲解一些职业教育的情况,发放一些相关资料给学生阅读,而且其专业指导人员也会为学生提供咨询服务。初中三年级时,学生会利用学期之中或者假期的几周时间去见习,见习结束后,师生、生生之间会就见习展开充分讨论,以帮助学生进一步思考什么样的职业更适合自己。一般情况下,学生在初中毕业(九年级结束)时就可以做出职业选择,进入适合自己的学校。如果学生至此仍然不能做出选择,还可以进入过渡学年"十年级"——普通中学或职业中学的一年级——试读一年。如果觉得这一类学校合适,则直接转入二年级学习;如果觉得不合适,则转入其他类型的学校重新开始试读。在学校系统的职业指导教育之外,瑞士政府还通过建立职业信息网、及时发布职业信息来为学生做出适合自己的职业选择提供帮助。如此系统、全面的职业指导,对学生做出适合自己特点的职业选择,从而为技术技能人才培养提供"愿意且适合"走技能成才道路的人具有重要的意义。

德国也很重视通过职业指导帮助学生选择合适的职业。德国从小学四年级就开始考虑学生的职业选择问题,先用两年的时间观察、判断学生适合上哪一种类型的中学,进入中学后,再用四年左右的时间帮助学生选择适合

---

① 陈利.瑞士学徒制职业教育模式研究[D].重庆:西南大学,2007:32-33.

他们的培训工种。① 对于那些选择接受职业教育的学生,德国教育机构会为他们提供进一步的职业指导,并为那些能力暂不具备的学生提供一个"预备年"(这一年的学费由国家承担),通过开设公共课、专业理论课和实践课等课程,让他们的能力达到一定水平。②

八、重视榜样的作用

榜样是指可作为仿效的人或事例,是在某一方面比较优秀者。榜样既可以为后来者的学习活动提供参考,也可以激励后来者付出更多的努力,以便做得更好。在技术技能人才职业技能与职业精神的培养中,特别是在职业精神的培养中,榜样具有积极的作用。

日本的秋山木工会社在培养"一流工匠"的时候,很重视榜样的作用,而这个"榜样",是秋山木工会社的创始人秋山利辉。为了将学徒们培养成一流工匠,秋山利辉为他们设计了很多"教学活动"——每天早晨 6 点开始长跑 15 分钟;早餐一起吃,不能挑食,吃不完要道歉;吃过早餐收拾完餐具后,所有学徒一起大扫除……所有这些活动,作为社长的秋山利辉都全程参与。此外,秋山利辉不断磨砺自己作为工匠的技艺,要求自己每天都要有进步,还经常向学徒们展现一个工匠"生命不息,工作不止"的精神,为学徒们树立了积极学习的榜样。北京大学高等人文研究院院长杜维明教授对此给予了高度评价。他说,秋山利辉先生的育人方法不是说教,而是身体力行,他对弟子所有的要求都充分体现在他自己的言行举止中,因而这种感染力是巨大的,也使弟子们对他充满信心。③ 在秋山利辉这个"榜样"的影响与带动下,秋山木工会社已有数十名学徒成长为深受日本家具业欢迎的技术精湛、品行优良的"一流工匠"。

日本的职业院校在培养技术技能人才时,对榜样的作用也很重视。④ 神户高等专门技术学院建设了一个开放式的学生作品陈列室,学生制作的各种优秀作品,如机械与动植物模型、工具、工艺品、日用品等,都陈列其间,供

---

① 周谊.德国职业教育:发达的原因、发展的特征和趋势[J].西南师范大学学报(哲学社会科学版),1997(5):111.

② 熊火金.德国人是怎样培养"工匠精神"的[N].解放日报,2016-07-15(10).

③ 秋山利辉.匠人精神Ⅱ:追求极致的日式工作法[M].陈晓丽,译.北京:中信出版社,2017:xxv.

④ 刘德恩.日本人的职业精神从哪里来:日本职业学校的考察与启示[J].河南职业技术师范学院学报(职业教育版),2004(3):52.

在校学生学习欣赏,学校教师还经常激励学生对陈列出来的优秀作品进行改进,制作出更多更好的作品来。神户高等专门技术学院和关西机动车整备专门学校经常邀请往届毕业生和职场成功人士来学校举办讲座或座谈会,请他们向在校学生展示自己的事业成就,向学生传授技术要领,并为学生们解答各种疑难问题。

九、重视反思的作用

反思有三种含义:一是指反复思考,即深思、沉思、审慎思考;二是指反身思考,即主体以自身(自身的经验、行为或身心结构等)为思考对象,它区别于主体对自身以外的客体的思考;三是指返回去思考,即对已经发生或完成的事件、行为或生活经历的思考。[①] 在技术技能人才培养中,引导学习者对已经发生或完成的事件、行为或生活经历,自己的经验、行为等进行反复、深入的思考,有助于学习者迅速认识相关问题的本质特征,并找出不同事情之间的联系,这对于学习者职业技能与职业精神的培养都具有一定的促进作用。

日本的秋山木工会社在培养"一流工匠"时,很重视反思的作用。[②] 秋山利辉要求学徒每天结束工作现场的作业任务回到会社后,通过写工作报告的形式反思当天所做的工作。学徒要在工作报告中写出自己当天没有做好或者不会做的事情,并找出其中的原因。学徒被要求用设计用的大开本纯白绘图本而不是笔记本来写工作报告,他们可以按照自己的想法,创造性地"写作",可以用图画的方式来表述,也可以用文字的方式来表述。报告写完之后,前辈学徒会在当天对报告进行检查,检查内容包括有没有文字错误、对所学内容的理解是否正确等。前辈学徒需要用红笔标出报告中的问题,对含糊不清的地方进行改正,并写上"一句话评语"。5~6 名前辈学徒完成对所有报告的检查后,将全部报告送给秋山利辉确认,然后将报告发下去,让报告写作者自己去看修改指正的地方。秋山木工会社学徒的反思活动有两个特点:第一,反思及时。学徒每天在结束工作现场的作业任务回到会社后,都必须及时通过写工作报告的形式对自己当天所做的事情进行反思。第二,反馈及时。学徒完成反思性工作报告后,前辈学徒当天就会检查报告,指出存在的问题及改正方法,秋山利辉先生还会进行确认,之后,报告会

---

① 陈佑清.反思学习:涵义、功能与过程[J].教育学术月刊,2010(5):6.

② 秋山利辉.匠人精神Ⅱ:追求极致的日式工作法[M].陈晓丽,译.北京:中信出版社,2017:105-107.

及时地发给撰写者,以便他们认识到自己的错误并改正。

瑞士的职业院校在培养技术技能人才时,也很重视反思的作用。在项目课程的工作项目中,瑞士的商业职业学校要求学员们通过撰写课程日志的方式对自己的学习活动进行反思。① 在这些日志中,学员们对自己的各种相关经历进行描述,对自己的思想发展过程进行回顾,并列举出相关人员对改善自己行为的建议,在此基础上,学员们结合各自的知识基础,对自己未来的学习活动进行规划与设计。

第二节 对我国高职技术技能人才职业技能与 职业精神融合培养的启示

通过上一节的分析可以看出,德国、日本和瑞士三个国家在职业技能与职业精神融合培养经验方面有着较多的相同之处,也有着各自的特点。这些或同或异的经验造就了它们各具特色的技术技能人才,也对我国高职技术技能人才职业技能与职业精神的融合培养产生一定的启示。

一、厚植有利于职业技能与职业精神融合培养的社会环境

在德国和瑞士,形成了认同职业教育的社会氛围,尤其是在德国,技术技能人才的社会地位和收入水平都较高。这些对于技术技能人才职业技能与职业精神的培养都是极为有利的,因为在此情境下,人们会觉得走技能成才道路有奔头,而且受人尊敬,如果自己适合走这一成才道路,那自然会毫不犹豫地投入职业技能与职业精神的学习中去,绝不会对职业技能和职业精神厚此薄彼。在我国,由于历史因素的影响,人们对职业教育的认同程度很低,技术技能人才的社会地位和收入水平也比较低。近年来,由于党和政府的高度重视,人们对职业教育的认同程度有了比较大的提高,但是远未形成认同职业教育的社会氛围,少数在技能竞赛中获奖的技术技能人才的待遇有了较大的提高,但技术技能人才群体的社会地位和收入水平仍然有较大的提升空间,走技能成才之路对人们的吸引力还不够大。在这样的背景下,强化训练见效快的职业技能仍然比较受人们青睐,职业精神培养仍然是

---

① 罗建河,陈梅.似而不同:瑞士、德国职业教育体系中的"学徒期制"比较分析[J].职业技术教育,2015(25):75.

技术技能人才培养中的"点缀性"活动。因此，为了促进技术技能人才职业技能与职业精神的融合培养，我国需要厚植有利于职业技能与职业精神融合培养的社会环境，让职业精神培养成为技术技能人才培养中的"主动要求"而不是"被动选择"。

二、在技术技能人才培养实践中明确、落实职业精神的培养

日本的关西机动车整备专门学校和神户高等技术专门学院等职业院校，不仅将职业精神明确列入技术技能人才培养目标，还采取了一系列措施落实职业精神的培养，保证职业精神的培养效果。在日本著名企业秋山木工中，职业精神培养也被置于技术技能人才培养的关键位置。在这些机构的技术技能人才培养活动中，职业精神培养受到了高度重视并得到了全面落实，这不仅没有影响技术技能人才职业技能的培养，还使得培养出来的技术技能人才由于兼具较高水平的职业技能与职业精神而广受业界欢迎。

职业精神培养是高职技术技能人才培养的应有之义，只不过我国在高职教育发展初期，在高职院校师资、设备、经费、生源等条件都欠佳的情况下，为了迅速培养出大量国家经济社会发展所需要的技术技能人才，采取了见效快的"专项强化"职业技能措施，将培养过程复杂、冗长的职业精神的培养置于技术技能人才培养活动的边缘。如今，国家经济社会发展对技术技能人才的素质提出了更高的要求，以往那种应急性、粗放式的培养措施已经不能培养出符合当前社会要求的高素质技术技能人才，高职院校需要在人才培养目标中明确职业精神的培养，制定出一系列配套措施来落实职业精神培养并严格加以考核。

三、重视人才培养活动的整体性与实践性

在德国的技术技能人才培养实践中，学习者要连续、严格地完成整个人才培养活动的各个环节，而且学习内容的安排也从"分科"走向"多学科综合"。在日本秋山木工会社的"一流工匠"培养活动中，学习者在八年的培养周期中，既要学做徒，也要学带徒。正是由于在人才培养活动中强调整体性，他们培养出来的技术技能人才是全面发展的、完整的人，职业素质也较高。

无论是哪一种类型人才的培养，为了实现人才培养目标，"整体性"的设计与安排都是必要的。对于技术技能人才这一类具有较强实践性特点的人才，还需要在整体设计与安排的时候，增加对"实践"元素的考虑，以确保人才培养目标的实现。在我国以往的高职技术技能人才培养活动中，由于职

业精神培养被"边缘化",因而培养活动的整体性不够,当然,对实践的重视程度是比较高的,但在这样的"实践"中,更多的是为了培养学习者的职业技能而非职业精神,因而这样的实践是一种有偏失的、不真实的实践。为了实现高职学生职业技能与职业精神的融合培养,高职院校需要对包括实践教学活动在内的所有人才培养活动进行整体设计与安排。

四、重视教师的实践经验积累与教学能力培养

技术技能人才培养是一项实践性较强的活动,不仅需要真实的实践环境和大量的实践机会,也需要教师具备丰富的实践经验和较强的教学能力。瑞士的职业院校在这方面做得较好,在入职条件中对教师的"实践经验"和"教学能力培养"都做了明确、严格的规定。在我国以往的高职院校教师队伍中,由普通教育教师转型而来的教师和从大学毕业不久的本科生或硕士、博士研究生占到较大的比例,他们没有多少实践经验,没有接受过职业师范教育甚至未接受过普通师范教育,因而也没有多少教学能力[①],不能有效完成教学任务。由企业引进的教师或从企业聘任的兼职教师虽然具有比较丰富的实践经验,但是教学能力比较欠缺,因而也不能有效完成教学任务。为了提升技术技能人才培养效果,高职院校必须加强教师的实践经验积累和教学能力培养。国务院近期颁布的《国家职业教育改革实施方案》提出,职业院校相关专业教师自 2019 年起"原则上从具有 3 年以上企业工作经历"人员中公开招聘,"自 2020 年起,基本不再从应届毕业生中招聘",而且,职业院校教师"每年至少 1 个月在企业或实训基地实训","落实教师 5 年一周期的全员轮训制度"。[②] 这可以较好地解决高职院校教师的实践经验积累与教学能力培养问题,对于高职学生职业技能与职业精神融合培养的实施十分有利。当然,为了进一步做好高职院校教师的实践经验积累与教学能力培养工作,我们也可以借鉴瑞士职业院校的做法,在入职条件中对"实践经验"和"教学能力培养"都做出明确、严格的规定。

五、为学生成长提供各种支持条件

提到"技术技能人才",有的人会想到在各级各类技能竞赛中过关斩将、光彩夺目的"成功者",有的人会想到高职院校里"破罐子破摔"、混日子的

---

① 何应林.职业院校技能人才培养要素研究[M].成都:西南交通大学出版社,2017:131.
② 中华人民共和国国务院.国务院关于印发国家职业教育改革实施方案的通知[Z].国发〔2019〕4 号,2019-01-24.

"失败者"。这两类人都是高职院校技术技能人才培养活动的"结晶",前者
幸运地走上了一条适合自己的成才道路,而后者则没有那么幸运。如何才
能确保青年学生走上适合自己的、通向技术技能人才的道路? 我们可以像
瑞士和德国那样,在基础教育阶段为学生提供职业指导,以便他们能够选择
适合自己的成才道路。走上技能成才道路之后,学生要想成长为具有较高
水平职业技能与职业精神的技术技能人才,还需要来自榜样、学校、学生家
长、行业企业、政府等方面的支持以及自己的不懈努力。在高职技术技能人
才融合培养实践中,我们应该为学生树立学习的榜样,积极发挥亲情在他们
成长中的作用,在学生成长为技术技能人才的各个环节与企业、政府等开展
深度合作,并引导学生及时对自己的学习活动进行反思。

第三章　高职学生职业技能与职业精神融合培养的现状调研

　　本研究旨在构建高职学生职业技能与职业精神融合培养的体系,并对高职学生职业技能与职业精神融合培养的机制进行探索,以便为高职学生职业技能与职业精神融合培养实践提供一定的指导。为此,有必要在前述理论研究和比较研究的基础上,对高职学生职业技能与职业精神融合培养的现状进行调研,弄清楚当前融合培养存在的问题。为了尽量逼近问题本真,在调研过程中,笔者既对高职院校学生和教师对职业技能与职业精神融合培养的看法进行了调查,又对高职院校开展职业技能与职业精神融合培养的实际情况进行了调查。

第一节　高职学生问卷调查与分析

　　高职学生群体有两个重要特点:第一,他们是"有个性的人",有自己独特的智能特点;第二,他们的学习基础较弱。[①] 在高职技术技能人才培养实践中,如果忽视这两个特点,往往难以准确把握他们对有关事物的认识,进而影响到对他们所采取的培养措施的培养效果。作为职业技能与职业精神融合培养实施的对象,高职学生对融合培养活动以及他们所在学校融合培养实际情况的看法,关系到融合培养的目标定位、措施选择和最终效果。为此,本研究专门

---

　　① 　何应林.职业院校技能人才培养要素研究[M].成都:西南交通大学出版社,2017:82.

就"高职学生职业技能与职业精神融合培养情况"对他们进行了问卷调查。

一、调查问卷编制

本次调查是为了了解高职学生对职业技能与职业精神融合培养的看法以及学生所在学校的相关情况。根据研究的需要,本研究运用综合型问卷《高职学生职业技能与职业精神融合培养情况调查问卷(高职学生)》对高职学生进行调查。笔者根据调查目的,在前期理论研究和比较研究的基础上编制了有 22 个问题的初稿,其中,第 1～21 题为选择式问题,备选项均为"A. 不认同 B. 不大认同 C. 不确定 D. 比较认同 E. 非常认同",第 22 题为开放性问题。

反复修改后,笔者请浙江省一所高职学院的学生进行了试测。试测对象"一般 30 人左右"[①],但为了保证有效问卷的回收数量,以便更多发现问卷存在的问题,笔者共发出纸质问卷 50 份,收回有效问卷 48 份。笔者认真阅读了每一份有效问卷,根据"基本信息"部分信息填写的完整、正确程度和"问卷内容"部分所选答案的集中程度,笔者对问卷进行了修订,将基本信息部分的"学校类型(可多选):_____A. 国家示范校 B. 国家骨干校 C. 省级示范校 D. 省级优质校(重点) E. 省级优质校 F. 一般高职校"调整为"学校名称:_____(请填写具体名称)"[②],并对一些有较多学生选"不确定"或者"非常认同"的问题的提问方式进行了调整。

此后,笔者请一位曾长期担任高职院校教学副校长的老师(硕士,副研究员)、一位曾担任高职院校督导处处长多年的老师(博士研究生,教授)和一位擅长量化研究的老师(心理学专业硕士,就职于高职院校)对问卷进行了审阅。根据他们的意见,笔者对问卷的指导语进行了修改,并对问卷结构和部分问题的提问方式进行了再调整,最后形成了包含融合培养价值、融合培养目标、融合培养条件、融合培养活动和融合培养机制等 5 个维度,由 20 道题组成的问卷。其中,融合培养价值维度包括第 2、3 题,融合培养目标维度包括第 1、5、6、19 题,融合培养条件维度包括第 10、11、13、14、15、16 题,融合培养活动维度包括第 7、8、9、12 题,融合培养机制维度包括第 4、17、18 题。第 1～19 题为选择式问题,采用李克特 5 点计分量表,第 1、5、6、13、14 为反向计分题,对"不认同""不大认同""不确定""比较认同""非常认同"分别记 5 分、4

---

① 张红霞. 教育科学研究方法[M]. 北京:教育科学出版社,2009:221.

② 笔者发现,只有很少学生能够正确说出自己学校所属的类型,如果让他们在众多的学校类型中进行选择,很可能会出现"错选"或者"不选"的结果。考虑到本调查涉及的学校不多,可以在数据录入时进行转换,所以笔者将问题调整为填写学校具体名称。

分、3 分、2 分、1 分,其余为正向计分题,对"不认同""不大认同""不确定""比较认同""非常认同"分别记 1 分、2 分、3 分、4 分、5 分;第 20 题为开放性问题。

利用 19 道选择题的数据对问卷的内部一致性信度进行分析,得出问卷总体信度为 $\alpha = 0.887$,可见,问卷的信度较好。

二、调查过程

本次调查主要针对与信息、环保、健康、旅游、时尚、金融、高端装备制造、文化创意等 8 个产业对应的电子商务、绿色食品生产与检验、护理、旅游管理、服装与服饰设计、金融管理、模具设计与制造、动漫设计等 8 个高职专业的在校生。

《高职学生职业技能与职业精神融合培养情况调查问卷(高职学生)》(见附录一)编制完成后,笔者选取了浙江、广东、重庆、辽宁、河南等 5 省市的 9 所具有相应专业的高职院校,并从这些学校相应专业的在校生中随机选取 50 名学生进行调查。① 拟调查学生分布情况如表 3-1 所示。

表 3-1　拟调查学生分布情况②

省份	学校名称	学校类别	调查专业	调查人数
浙江	A 职业技术学院	国家示范校	电子商务 绿色食品生产与检验 护理 旅游管理 服装与服饰设计 金融管理 模具设计与制造 动漫设计(数字媒体艺术设计)	400
	B 职业技术学院	非国家示范校	电子商务 旅游管理 服装与服饰设计 金融管理	200
	C 职业技术学院	非国家示范校	电子商务 模具设计与制造 动漫设计(三维动画设计)	150

① 有一位帮忙发放问卷的老师由于担心学生不好好填写而导致无效问卷太多,所以在该校 4 个专业有意多发放了 16 份问卷,实际上该校学生填写得比较认真,问卷全部收回且都有效,因而这所学校 4 个专业单个专业的问卷数量超过了 50 份。

② 由于调查中可能涉及一些学校做得不好的地方,为防止对相关学校造成不好的影响,故对所有被调查的学校做了匿名处理。

续　表

省份	学校名称	学校类别	调查专业	调查人数
广东	D 职业技术学院	国家示范校	电子商务 金融管理 动漫设计(动漫制作技术)	150
重庆	E 职业技术学院	非国家示范校	电子商务 旅游管理 金融管理	150
	F 职业技术学院	国家示范校	电子商务 旅游管理 动漫设计	150
辽宁	G 职业技术学院	国家示范校	电子商务 旅游管理 模具设计与制造 动漫设计(动漫设计与制作)	200
河南	H 职业技术学院	国家示范校	电子商务 旅游管理 模具设计与制造	150
	I 职业技术学院	非国家示范校	电子商务 旅游管理 金融管理	150

注:本调查将数字媒体艺术设计、三维动画设计、动漫制作技术、动漫设计与制作等 4 个培养动漫设计类技术技能人才的专业视作"文化创意"产业中的"动漫设计"专业;为了便于统计分析,数据录入时将这 4 个专业录为"动漫设计"。

这次调查共发放问卷 1716 份,回收 1639 份,回收率为 95.5%,其中,有效问卷 1556 份,有效率为 94.9%。在有效问卷中,学校、学校类型、专业、年级①、性别②和上大学前就读学校类型③的分布情况分别如图 3-1 至图 3-6 所示(问卷数据运用 SPSS 21.0 进行录入与处理)。

---

① 有 3 份问卷"年级"一项信息缺失。
② 有 5 份问卷"性别"一项信息缺失。
③ 有 89 份问卷"上大学前就读学校类型"一项信息缺失。

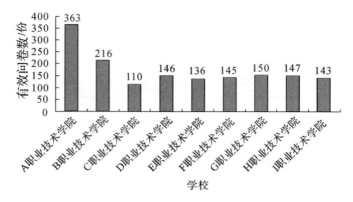

图 3-1　有效问卷的"学校"分布情况

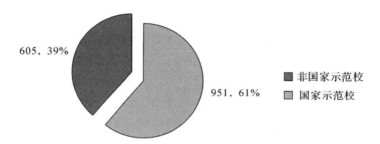

图 3-2　有效问卷的"学校类型"分布情况

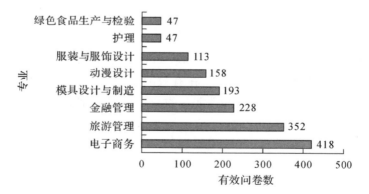

图 3-3　有效问卷的"专业"分布情况

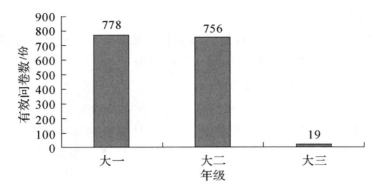

图 3-4 有效问卷的"年级"分布情况

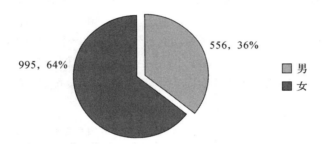

图 3-5 有效问卷的"性别"分布情况

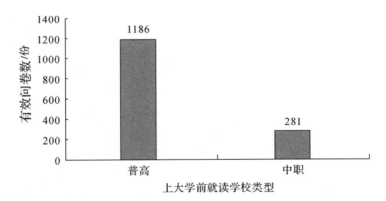

图 3-6 有效问卷的"上大学前就读学校类型"分布情况

三、调查结果与分析

本部分基于对高职学生所做调查获得的数据，从八个方面对高职学生职业技能与职业精神融合培养的现状进行分析。

（一）对融合培养价值的看法

1.对职业技能培养与职业精神培养之间关系的看法

职业技能是显性的职业素质，职业精神是隐性的职业素质，二者共存于学习者个体身上，而且二者有着相近的活动载体。那么，在高职技术技能人才培养实践中，职业技能培养与职业精神培养之间的关系是怎样的？针对这个问题，笔者在问卷中设置了题目"在高职技术技能人才培养中，职业技能培养与职业精神培养相互影响"。接受调查的高职学生中，表示"比较认同"和"非常认同"的学生分别为 679 人和 639 人，他们占接受调查学生总数的比例分别为 43.6％ 和 41.1％，二者占到总数的 84.7％，远远高于选择"不认同"和"不大认同"的学生所占的比例（6.6％）。见表 3-2。这表明绝大多数接受调查的高职学生都认为职业技能培养与职业精神培养是相互影响的。

表 3-2　对"职业技能培养与职业精神培养相互影响"的看法

看法	人数/人	所占比例/％
不认同	35	2.2
不大认同	69	4.4
不确定	134	8.6
比较认同	679	43.6
非常认同	639	41.1
合计	1556	100.0

2.对职业技能与职业精神融合培养必要性的看法

在真实的技术技能人才培养实践活动中，职业技能与职业精神是同时存在的，它们互相影响，共同致力于活动目标的实现。然而，在我国高职教育发展过程中，在各种因素的作用下，职业技能培养与职业精神培养彼此割裂。如此培养出来的技术技能人才虽然可以满足一定时期经济社会的发展需要，但从社会发展和个体发展的角度看，这样的技术技能人才是有缺陷的，其未来发展必将受到制约。为了使高职学生获得全面、可持续的发展，也为了更好地满足国家经济社会发展对技术技能人才的素质需求，应促使职业技能培养与职业精神培养由"分离"走向"融合"。

　　为了了解高职学生对职业技能与职业精神融合培养必要性的看法,笔者在问卷中设置了题目"在高职技术技能人才培养中,职业技能与职业精神融合培养很有必要"。在接受调查的高职学生中,持"比较认同"和"非常认同"观点的学生占比分别为 37.5％和 49.9％,二者占到总数的87.4％,远远高于持"不认同"和"不大认同"观点学生所占的比例(4.8％)。见表 3-3。这表明绝大多数接受调查的高职学生都认可职业技能与职业精神融合培养的必要性。

表 3-3　对"职业技能与职业精神融合培养很有必要"的看法

		人数/人	所占比例/％
有效	不认同	33	2.1
	不大认同	42	2.7
	不确定	120	7.7
	比较认同	584	37.5
	非常认同	776	49.9
	合计	1555	99.9
系统缺失		1	0.1
合计		1556	100.0

(二)对融合培养目标的看法

1.对职业精神培养与职业技能培养重要性的看法

　　在高职技术技能人才培养实践中,职业技能培养和职业精神培养哪个更重要? 也许有的人会不假思索地回答"职业技能培养重要",但实际上,职业技能培养与职业精神培养存在密切的相互作用,二者对技术技能人才的培养都很重要,难分伯仲。在当前的高职技术技能人才培养实践中,人们对职业技能培养的重视程度远远高于对职业精神培养的重视程度。为了防止接受调查的高职学生"不假思索"地进行选择,笔者特意将这个题目的提问方式换成了否定式,即"在高职技术技能人才培养中,职业精神培养没有职业技能培养重要"。

　　调查发现,持"不认同""不大认同""比较认同"和"非常认同"观点的高职学生分别占到接受调查学生总数的 37.4％、32.2％、12.8％和7.1％。见表 3-4。有 69.6％的高职学生不认为"职业精神培养没有职业技能培养重要"，但也有 19.9% 的高职学生认为"职业精神培养没有职业技能培养重要"，有 10.3% 的高职学生不能确定是不是"职业精神培养没有职业技能培养重要"。这表明高职学生对职业技能培养和职业精神培养的重要性的认识还不够统一，在技术技能人才培养实践中有必要予以强调。

表 3-4 对"职业精神培养没有职业技能培养重要"的看法

		人数/人	所占比例/%
有效	不认同	582	37.4
	不大认同	501	32.2
	不确定	161	10.3
	比较认同	199	12.8
	非常认同	111	7.1
	合计	1554	99.9
系统缺失		2	0.1
合计		1556	100.0①

2. 对学校是否重视职业技能培养的看法

职业技能受到用人单位的高度重视，职业技能水平高的毕业生，不仅容易找到工作，拉高就业率，而且所找到工作与所学专业的对口率、初始薪资水平都比较高，而这几项指标对于高职院校保持"出口畅"和"入口旺"都具有积极意义。因此，高职院校应该都会重视职业技能的培养。实际上是这样的吗？为了弄清楚这一点，笔者在问卷中设置了题目"在贵校技术技能人才培养中，学校对职业技能的培养不重视"。在接受调查的高职学生中，持"不认同""不大认同""不确定""比较认同"和"非常认同"观点的高职学生分别占到接受调查学生总数的 41.7%、25.9%、17.6%、10.9% 和 3.7%。见表 3-5。

---

① 由于数据取的是四舍五入后的值，各项加起来不是刚好等于 100%，存在 0.1 的误差，在此忽略不计，后同。

表 3-5　对"学校对职业技能的培养不重视"的看法

		人数/人	所占比例/%
有效	不认同	649	41.7
	不大认同	403	25.9
	不确定	274	17.6
	比较认同	170	10.9
	非常认同	58	3.7
	合计	1554	99.9
系统缺失		2	0.1
合计		1556	100.0

可见,67.6%的学生对"学校对职业技能的培养不重视"持否定态度("不认同"和"不大认同"),14.6%的学生持肯定态度("比较认同"和"非常认同"),17.6%的学生持不确定态度。如前所述,高职院校应该都会重视职业技能培养,因而对"学校对职业技能的培养不重视"持否定态度的学生达67.6%,这个比例并不算高,相反,持不确定和肯定态度的学生比例达到32.2%,这个比例偏高。其中原因有待进一步研究。

3.对学校是否重视职业精神培养的看法

从用人单位反馈的信息来看,他们对具有较高水平职业精神的毕业生是十分青睐的。那么,对于以市场需求为导向进行技术技能人才培养的高职院校来说,他们对职业精神的培养重视吗? 为了弄清这个问题,笔者在问卷中设置了题目"在贵校技术技能人才培养中,学校对职业精神的培养不重视"。在接受调查的高职学生中,持"不认同""不大认同""不确定""比较认同"和"非常认同"观点的高职学生分别占到接受调查学生总数的 39.9%、28.7%、20.4%、8.2%和2.6%。见表3-6。

表 3-6　对"学校对职业精神的培养不重视"的看法

		人数/人	所占比例/%
有效	不认同	621	39.9
	不大认同	446	28.7
	不确定	318	20.4
	比较认同	127	8.2

续　表

		人数/人	所占比例/%
有效	非常认同	41	2.6
	合计	1553	99.8
系统缺失		3	0.2
合计		1556	100.0

可见,68.6%的学生对"学校对职业精神的培养不重视"持否定态度("不认同"和"不大认同"),10.8%的学生持肯定态度("比较认同"和"非常认同"),20.4%的学生持不确定态度。近年来,由于国家反复强调职业精神特别是工匠精神的重要性,不少高职院校在人才培养实践中也进行了一些尝试,例如,开设一些相关课程,举办大量讲座、演讲等相关活动。尽管这些举措的真实效果如何还有待检验,但它们给不少学生的印象可能是学校对职业精神培养比较重视,这可能是68.6%的学生对"学校对职业精神的培养不重视"持否定态度的原因。当然,由于这些活动并没有很好地融入技术技能人才培养实践中,所以尽管职业精神类相关课程和活动较以前有了增加,但还是有20.4%的学生不能确定学校是否重视职业精神培养。

4.对学校所培养人才职业技能和职业精神水平的看法

对职业技能水平和职业精神水平进行准确判断是一件难度挺大的事情,特别是对职业精神水平进行判断,由于它比较抽象,难以确立判断依据。当然,高职学生可以通过日常的观察和体会做出一个大致的判断。笔者在问卷中设置了题目"贵校培养出来的技术技能人才,大多数既具有较高水平的职业技能又具有较强的职业精神"。在接受调查的高职学生中,持"不认同""不大认同""不确定""比较认同"和"非常认同"观点的高职学生分别占到接受调查学生总数的3.1%、7.2%、25.3%、38.9%和25.2%。见表3-7。

表3-7　对学校所培养人才"大多数既具有较高水平的职业技能又具有较强的职业精神"的看法

		人数/人	所占比例/%
有效	不认同	49	3.1
	不大认同	112	7.2

续　表

		人数/人	所占比例/%
有效	不确定	394	25.3
	比较认同	605	38.9
	非常认同	392	25.2
	合计	1552	99.7
系统缺失		4	0.3
合计		1556	100.0

可见,有超过六成(64.1%)接受调查的高职学生认为所在学校培养出来的技术技能人才"大多数既具有较高水平的职业技能又具有较强的职业精神"。这表明大部分接受调查的高职学生认可所在学校培养出来的技术技能人才的职业技能水平和职业精神水平。当然,做出这种判断的依据只是学生自己的感觉,并无明确标准,因而也有相当比例(25.3%)的学生表示"不确定"。

（三）对融合培养条件的看法

1. 对高职院校整合相关课程内容必要性的看法

课程是高职技术技能人才培养的重要载体。在进行高职学生职业技能与职业精神融合培养时,高职院校是否有必要对公共基础课、专业理论课、实践教学课等课程的有关内容进行整合？为了了解这方面的情况,笔者在问卷中设置了题目"为了促进学生职业技能与职业精神的融合培养,高职院校有必要对公共基础课、专业理论课、实践教学课等课程的有关内容进行整合"。在接受调查的高职学生中,有78.0%的学生对"高职院校有必要对公共基础课、专业理论课、实践教学课等课程的有关内容进行整合"持肯定态度("比较认同"和"非常认同"),还有14.6%的学生对"高职院校有必要对公共基础课、专业理论课、实践教学课等课程的有关内容进行整合"持不确定态度。见表3-8。可见,高职院校对公共基础课、专业理论课、实践教学课等课程的有关内容进行整合,得到了较多的认同。

表 3-8　对高职院校有必要对相关课程有关内容进行整合的看法

		人数/人	所占比例/%
有效	不认同	42	2.7
	不大认同	72	4.6
	不确定	227	14.6
	比较认同	756	48.6
	非常认同	457	29.4
	合计	1554	99.9
系统缺失		2	0.1
合计		1556	100.0

2.对高职院校修订相关课程教材必要性的看法

教材是课程实施的载体。在进行高职学生职业技能与职业精神融合培养时,高职院校是否有必要对公共基础课、专业理论课、实践教学课等课程所使用的教材进行修订? 为了了解这方面的情况,笔者在问卷中设置了题目"为了促进学生职业技能与职业精神的融合培养,高职院校有必要对公共基础课、专业理论课、实践教学课等课程所使用的教材进行修订"。在接受调查的高职学生中,有 65.4% 的学生对"高职院校有必要对公共基础课、专业理论课、实践教学课等课程所使用的教材进行修订"持肯定态度("比较认同"和"非常认同"),只有 8.7% 的学生对"高职院校有必要对公共基础课、专业理论课、实践教学课等课程所使用的教材进行修订"持否定态度("不大认同"和"不认同")。见表 3-9。

表 3-9　对高职院校有必要对相关课程所使用教材进行修订的看法

		人数/人	所占比例/%
有效	不认同	38	2.4
	不大认同	98	6.3
	不确定	401	25.8
	比较认同	645	41.5
	非常认同	372	23.9
	合计	1554	99.9
系统缺失		2	0.1
合计		1556	100.0

3.对学校校园里职业技能学习氛围的看法

校园学习氛围是职业技能培养的重要支撑条件。为了了解高职院校校园里的职业技能学习氛围情况,笔者在问卷中设置了题目"在贵校校园里,职业技能学习氛围不浓厚"。在接受调查的高职学生中,持"不认同""不大认同""不确定""比较认同"和"非常认同"观点的高职学生分别占到接受调查学生总数的 27.4%、28.3%、21.8%、16.9% 和5.5%。见表 3-10。

表 3-10　对学校校园里"职业技能学习氛围不浓厚"的看法

		人数/人	所占比例/%
有效	不认同	426	27.4
	不大认同	441	28.3
	不确定	339	21.8
	比较认同	263	16.9
	非常认同	85	5.5
	合计	1554	99.9
系统缺失		2	0.1
合计		1556	100.0

可见,持否定态度("不大认同"和"不认同")的学生所占比例只有55.7%,而持肯定态度("比较认同"和"非常认同")和不确定态度的学生所占比例都较高,分别为 22.4% 和 21.8%。这表明,接受调查的高职学生对其所在学校校园里的职业技能学习氛围不大看好。

4.对学校校园里职业精神学习氛围的看法

校园学习氛围对职业精神培养具有重要影响。为了了解高职院校校园里的职业精神学习氛围情况,笔者在问卷中设置了题目"在贵校校园里,职业精神学习氛围不浓厚"。在接受调查的高职学生中,持"不认同""不大认同""不确定""比较认同"和"非常认同"观点的高职学生分别占到接受调查学生总数的 27.4%、26.7%、22.9%、17.5% 和 5.3%。见表 3-11。

表 3-11 对学校校园里"职业精神学习氛围不浓厚"的看法

		人数/人	所占比例/%
有效	不认同	427	27.4
	不大认同	415	26.7
	不确定	356	22.9
	比较认同	273	17.5
	非常认同	82	5.3
	合计	1553	99.8
系统缺失		3	0.2
合计		1556	100.0

可见,持否定态度("不大认同"和"不认同")的学生所占比例只有54.1%,持肯定态度("比较认同"和"非常认同")和不确定态度的学生所占比例都较高,分别为22.8%和22.9%。尽管接受调查的高职学生对其所在学校校园里职业精神学习氛围不大看好,但从高职技术技能人才培养实践中"重职业技能培养轻职业精神培养"的角度来看,与职业技能学习氛围相比,职业精神培养氛围还算不错。这可能跟近年来国家大力宣传职业技能与职业精神融合培养、大力提倡工匠精神有关。

5.对学校任课教师融合培养意识的看法

意识是行动的指导,对于行动的实施和结果具有决定性的意义。为了了解高职院校任课教师是否具有较强的融合培养意识,笔者在问卷中设置了题目"贵校的任课教师,具有较强的将职业技能与职业精神进行融合培养的意识"。在接受调查的高职学生中,持肯定态度("比较认同"和"非常认同")的学生所占比例为70.1%,远远高于持否定态度("不大认同"和"不认同")的学生所占比例(11.1%)。见表3-12。可见,接受调查的高职学生所在学校的任课教师表现出了较强的融合培养意识。

表 3-12 对学校任课教师具有较强融合培养意识的看法

		人数/人	所占比例/%
有效	不认同	69	4.4
	不大认同	105	6.7

		人数/人	所占比例/%
有效	不确定	289	18.6
	比较认同	688	44.2
	非常认同	403	25.9
	合计	1554	99.9
系统缺失		2	0.1
合计		1556	100.0

6.对学校任课教师融合培养能力的看法

为了了解高职院校任课教师是否具有较强融合培养能力,笔者在问卷中设置了题目"贵校的任课教师,具有较强的将职业技能与职业精神进行融合培养的能力"。在接受调查的高职学生中,持肯定态度("比较认同"和"非常认同")的学生所占比例为70.6%,远远高于持否定态度("不大认同"和"不认同")的学生所占比例(11.2%)。见表3-13。这一组数据与接受调查的高职学生对所在学校任课教师是否具有较强融合培养意识的看法较接近,说明学生在这两个问题上的看法是一致的。这表明接受调查的高职学生所在学校的任课教师表现出了较强的融合培养意识和融合培养能力,这对于高职学生进行职业技能与职业精神融合培养而言是一个十分有利的条件。

表3-13　对学校任课教师具有较强融合培养能力的看法

		人数/人	所占比例/%
有效	不认同	51	3.3
	不大认同	123	7.9
	不确定	279	17.9
	比较认同	689	44.3
	非常认同	410	26.3
	合计	1552	99.7
系统缺失		4	0.3
合计		1556	100.0

（四）对融合培养活动的看法

1.对学校公共基础课教学中引导职业技能和职业精神培养重视程度的看法

公共基础课是"高等和中等专业学校各专业学生共同必修的课程"，是"培养德智体全面发展人才，为进一步学习提供方法论的不可缺少的课程"。[①] 如果在公共基础课教学中引导职业技能和职业精神培养，可以为专业理论课和实践教学课的教学打下专业认识和思想基础，从而为职业技能培养与职业精神培养打下一定基础。既然如此，在高职技术技能人才培养实践中，高职院校对"在公共基础课教学中引导职业技能和职业精神培养"的重视程度如何？为了了解这方面的情况，笔者在问卷中设置了题目"在贵校思想政治课等公共基础课的教学中，很重视对职业技能和职业精神培养的引导"。在接受调查的高职学生中，持"不认同""不大认同""不确定""比较认同"和"非常认同"观点的高职学生分别占到接受调查学生总数的 4.0%、8.7%、19.2%、43.1% 和 23.3%。见表 3-14。

表 3-14　对学校公共基础课教学中"很重视对职业技能和职业精神培养的引导"的看法

		人数/人	所占比例/%
有效	不认同	63	4.0
	不大认同	136	8.7
	不确定	299	19.2
	比较认同	670	43.1
	非常认同	362	23.3
	合计	1530	98.3
系统缺失		26	1.7
合计		1556	100.0

可见，在接受调查的高职学生中，持肯定态度（"比较认同"和"非常认同"）的学生所占比例为 66.4%。这表明，接受调查的高职学生所在

---

① 公共基础课[EB/OL].（2015-11-27）[2018-11-03]. https://baike. baidu. com/item/%E5%85%AC%E5%85%B1%E5%9F%BA%E7%A1%80%E8%AF%BE/2519417.

学校在思想政治课等公共基础课的教学中,比较重视对职业技能和职业精神培养的引导。这可能跟近年来国家大力宣传职业技能与职业精神融合培养有关。

2.对学校专业理论课教学中引导职业精神培养重视程度的看法

专业理论课是高职院校培养学生职业技能与职业精神的重要载体。那么,在专业理论课的教学中,高职院校是否重视对职业精神培养的引导呢?为了了解这方面的情况,笔者在问卷中设置了题目"在贵校专业理论课的教学中,很重视对职业精神培养的引导"。在接受调查的高职学生中,持"不认同""不大认同""不确定""比较认同"和"非常认同"观点的高职学生分别占到接受调查学生总数的 4.3%、7.2%、17.2%、46.1% 和 25.0%。见表 3-15。

表 3-15　对学校专业理论课教学中"很重视对职业精神培养的引导"的看法

		人数/人	所占比例/%
有效	不认同	67	4.3
	不大认同	112	7.2
	不确定	268	17.2
	比较认同	718	46.1
	非常认同	389	25.0
	合计	1554	99.9
系统缺失		2	0.1
合计		1556	100.0

可见,在接受调查的高职学生中,持肯定态度("比较认同"和"非常认同")的学生所占比例为 71.1%。这表明,接受调查的高职学生所在学校在专业理论课的教学中,比较重视对职业精神培养的引导。在高职院校以往的专业理论课教学中,教师往往偏重于专业理论知识的传授,对职业技能培养的关注比较有限,更别提引导职业精神培养了。现在教师"重视对职业精神培养的引导",可能跟近年来国家大力宣传职业技能与职业精神融合培养有关。

3.对学校实践教学课教学中引导职业精神培养重视程度的看法

实践教学课是高职院校培养学生职业技能与职业精神的主要载体。那么,在实践教学课的教学中,高职院校是否重视对职业精神培养的引导呢？为了了解这方面的情况，笔者在问卷中设置了题目"在贵校实践教学课的教学中，很重视对职业精神培养的引导"。在接受调查的高职学生中，持"不认同""不大认同""不确定""比较认同"和"非常认同"观点的高职学生分别占到接受调查学生总数的 2.8％、7.6％、18.3％、45.4％和 26.0％。见表 3-16。

表 3-16　对学校实践教学课教学中"很重视对职业精神培养的引导"的看法

		人数/人	所占比例/％
有效	不认同	43	2.8
	不大认同	118	7.6
	不确定	284	18.3
	比较认同	706	45.4
	非常认同	404	26.0
	合计	1555	99.9
系统缺失		1	0.1
合计		1556	100.0

可见，在接受调查的高职学生中，持肯定态度（"比较认同"和"非常认同"）的学生所占比例为 71.4％，这个比例比公共基础课（66.4％）和专业理论课（71.1％）都要高。这表明，接受调查的高职学生所在学校在实践教学课的教学中，比较重视对职业精神培养的引导，而且其重视程度比在公共基础课和专业理论课中都要高。实践教学课本来就很重视职业技能培养，因而在这一类课程中，对职业技能培养和职业精神培养都比较重视。因此，实践教学课可能是进行高职学生职业技能与职业精神融合培养比较好的突破口。

4.对学校通过第二课堂活动培养职业技能与职业精神重视程度的看法

第二课堂活动是高职院校在课堂教学之外培养学生职业技能与职业精神的重要载体。为了了解高职院校是否重视通过第二课堂活动来培养学生的职业技能与职业精神，笔者在问卷中设置了题目"贵校很重视通过专业讲座、知识竞赛、技能竞赛、创新创业实践活动、专业社团活动、专业相关社会实践活动和寝室文化活动等第二课堂活动来培养学生的职业技能与职业精神"。在接受调查的高职学生中，持"不认同""不大认同""不确定""比较认同"和"非常认同"观点的高职学生分别占到接受调查学生总数的 3.8％、

6.4％、14.5％、47.6％和27.7％。见表3-17。

表 3-17　对学校通过第二课堂活动培养职业技能与职业精神重视程度的看法

		人数/人	所占比例/％
有效	不认同	59	3.8
	不大认同	99	6.4
	不确定	225	14.5
	比较认同	740	47.6
	非常认同	431	27.7
	合计	1554	99.9
系统缺失		2	0.1
合计		1556	100.0

　　可见,在接受调查的高职学生中,持肯定态度("比较认同"和"非常认同")的学生所占比例为75.3％。这表明,接受调查的高职学生所在学校比较重视通过第二课堂活动来培养学生的职业技能与职业精神。第二课堂活动包括专业讲座、知识竞赛、技能竞赛、创新创业实践活动、专业社团活动、专业相关社会实践活动和寝室文化活动等活动,覆盖面比较广,不同高职学生对其理解可能各不相同,但整体而言,学生们所在高职院校对这一类活动比较重视,这可能也跟近年来国家大力宣传职业技能与职业精神融合培养、大力提倡工匠精神有关。

　　(五)对融合培养机制的看法

　　1.对校企合作与融合培养目标实现之间关系的看法

　　校企合作对于高职院校技术技能人才培养目标的实现具有重要意义,那么,它与"高职学生职业技能与职业精神融合培养目标实现"之间是怎样的关系呢?为了了解这方面的情况,笔者在问卷中设置了题目"实现高职学生职业技能与职业精神融合培养目标需要加强校企合作"。在接受调查的高职学生中,持"不认同""不大认同""不确定""比较认同"和"非常认同"观点的高职学生分别占到接受调查学生总数的2.6％、4.6％、13.2％、43.1％和36.4％。见表3-18。

表 3-18　对实现融合培养目标需要加强校企合作的看法

		人数/人	所占比例/%
有效	不认同	41	2.6
	不大认同	71	4.6
	不确定	206	13.2
	比较认同	671	43.1
	非常认同	566	36.4
	合计	1555	99.9
系统缺失		1	0.1
合计		1556	100.0

可见,在接受调查的高职学生中,持肯定态度("比较认同"和"非常认同")的学生所占比例为 79.5%。这是一个比较高的比例,这表明绝大多数接受调查的高职学生都比较认可校企合作与融合培养之间的关系,认为"实现高职学生职业技能与职业精神融合培养目标需要加强校企合作"。

2. 对企业在融合培养中可发挥作用的看法

上面的调查数据表明,绝大多数接受调查的高职学生都认为"实现高职学生职业技能与职业精神融合培养目标需要加强校企合作"。那么,企业在高职学生职业技能与职业精神融合培养中有哪些作用呢？为了了解这方面的情况,笔者在问卷中设置了题目"在高职学生职业技能与职业精神融合培养中,企业可以在培养目标确定、培养条件完善、培养活动开展等方面发挥重要作用"。在接受调查的高职学生中,持"不认同""不大认同""不确定""比较认同"和"非常认同"观点的高职学生分别占到接受调查学生总数的2.3%、4.9%、14.7%、49.3% 和 28.7%。见表 3-19。

表 3-19　对企业可以在培养目标确定等方面发挥重要作用的看法

		人数/人	所占比例/%
有效	不认同	36	2.3
	不大认同	77	4.9
	不确定	228	14.7
	比较认同	767	49.3

续　表

		人数/人	所占比例/%
有效	非常认同	446	28.7
	合计	1554	99.9
系统缺失		2	0.1
合计		1556	100.0

可见,在接受调查的高职学生中,持肯定态度("比较认同"和"非常认同")的学生所占比例为78.0%。这表明,接受调查的高职学生对企业在职业技能与职业精神融合培养中的作用比较认可,他们认为高职院校和企业可以在融合培养目标确定、融合培养条件完善、融合培养活动开展等方面开展合作。

3.对学生成就动机与融合培养关系的看法

奥苏伯尔认为,学校情境中的成就动机至少应包括认知内驱力、自我提高内驱力和附属内驱力三个部分,它与学习之间的关系是典型的相辅相成关系,也就是说,成就动机以增强学习行为的方式促进学习,而所学到的知识和技能反过来又可以增强学习者的成就动机。[1] 在高职技术技能人才培养实践中,成就动机与学生的职业技能学习、职业精神学习之间应该也存在这样的关系,那么,成就动机与"职业技能与职业精神的融合培养"之间是怎样的关系呢? 为了了解这方面的情况,笔者在问卷中设置了题目"激发高职学生的成就动机,有利于促进其职业技能与职业精神的融合培养"。在接受调查的高职学生中,持"不认同""不大认同""不确定""比较认同"和"非常认同"观点的高职学生分别占到接受调查学生总数的2.1%、5.1%、15.0%、45.9%和31.4%。见表3-20。

表 3-20　对激发成就动机有利于促进融合培养的看法

		人数/人	所占比例/%
有效	不认同	33	2.1
	不大认同	80	5.1
	不确定	233	15.0
	比较认同	714	45.9

---

① 邵瑞珍.教育心理学:修订本[M].上海:上海教育出版社,1997:296-297.

续　表

		人数/人	所占比例/%
有效	非常认同	488	31.4
	合计	1548	99.5
系统缺失		8	0.5
合计		1556	100.0

可见,在接受调查的高职学生中,持肯定态度("比较认同"和"非常认同")的学生所占比例为 77.3%。这表明,大部分接受调查的高职学生对学生成就动机与融合培养之间的关系比较认可,认为"激发高职学生的成就动机,有利于促进其职业技能与职业精神的融合培养"。

（六）学校类型、年级、性别和上大学前就读学校类型在总均分与五个维度上的差异

1.学校类型在总均分与五个维度上的差异

独立样本 t 检验结果显示,不同学校类型("国家示范校"和"非国家示范校")被试在总均分以及融合培养价值、融合培养条件、融合培养活动、融合培养机制四个子维度上的差异达到显著水平,在融合培养目标维度上的差异不显著;来自国家示范校的被试的平均得分显著低于来自非国家示范校的被试的平均得分。具体情况如表 3-21 所示。

表 3-21　学校类型在总均分与五个维度均分上的差异

	学校类型	$M \pm SD$	t	p
总均分	国家示范校	3.857±0.598	−1.975*	0.048
	非国家示范校	3.919±0.584		
融合培养价值	国家示范校	4.195±0.821	−2.556*	0.011
	非国家示范校	4.300±0.766		
融合培养目标	国家示范校	3.863±0.744	0.471	0.638
	非国家示范校	3.845±0.713		

续 表

	学校类型	$M\pm SD$	t	p
融合培养条件	国家示范校	3.708±0.706	−2.670**	0.008
	非国家示范校	3.807±0.714		
融合培养活动	国家示范校	3.788±0.804	−2.114*	0.035
	非国家示范校	3.875±0.768		
融合培养机制	国家示范校	3.976±0.733	−2.476*	0.013
	非国家示范校	4.069±0.699		

注：* $p<0.05$，** $p<0.01$。

可见，不同类型学校的高职学生对融合培养价值、融合培养条件、融合培养活动和融合培养机制的看法存在一定差异，来自国家示范校的被试在总均分以及融合培养价值、融合培养条件、融合培养活动、融合培养机制四个子维度上的平均得分显著低于来自非国家示范校的被试的平均得分。这可能是由于非国家示范校对融合培养工作的重视程度和推进力度大于国家示范校。这表明，国家示范校在融合培养方面并不一定比非国家示范校强，非国家示范校只要努力，也有可能取得比国家示范校更好的结果。因此，在进行高职学生职业技能与职业精神融合培养时，要对学校类型给予必要考虑。

2. 年级在总均分与五个维度上的差异

F 检验结果显示，不同年级（大一、大二、大三）在总均分和融合培养价值、融合培养目标、融合培养条件这三个子维度上的差异达到显著水平。具体情况如表 3-22 所示。

表 3-22　年级在总均分与五个维度均分上的差异

	年级	$M\pm SD$	F	p
总均分	大一	3.824±0.565	3.108*	0.045
	大二	3.778±0.605		
	大三	3.526±0.344		
融合培养价值	大一	4.288±0.786	3.054*	0.047
	大二	4.193±0.804		
	大三	4.105±0.809		

续 表

	年级	$M\pm SD$	F	p
融合培养目标	大一	3.875 ± 0.726	3.678^{*}	0.026
	大二	3.848 ± 0.737		
	大三	3.421 ± 0.629		
融合培养条件	大一	3.781 ± 0.701	3.648^{*}	0.026
	大二	3.722 ± 0.722		
	大三	3.388 ± 0.383		
融合培养活动	大一	3.865 ± 0.760	2.443	0.087
	大二	3.781 ± 0.823		
	大三	3.657 ± 0.472		
融合培养机制	大一	4.035 ± 0.694	0.776	0.461
	大二	3.991 ± 0.752		
	大三	3.964 ± 0.331		

注：* $p<0.05$，** $p<0.01$。

LSD 事后多重比较显示：在融合培养价值上，大一显著高于大二（$p<0.05$）；在融合培养目标上，大一和大三差异达到极其显著水平（$p<0.01$），大二显著高于大三（$p<0.05$）；在融合培养条件上，大一显著高于大三（$p<0.05$），大二显著高于大三（$p<0.05$）。

总体来说，不同年级的高职学生在对融合培养价值、融合培养目标、融合培养条件的看法上存在较为一致的趋势：低年级学生对这些维度的看法的得分均值高于高年级学生的得分均值。大一、大二学生对这些维度的看法的得分均值高于大三学生得分均值，可能是由于大三学生正在实习，对于职业技能的关注较高，想法也更加现实和功利，而大一、大二学生还在学校里学习，没有这种体验。因此，在进行高职学生职业技能与职业精神融合培养时，特别是在激发学生学习动机时，要对不同年级的学生采取有针对性的措施，要使学生认识到，从长远来看，融合培养有其重要价值。

3. 性别在总均分与五个维度上的差异

独立样本 t 检验结果显示，在总均分和融合培养价值、融合培养目标、融合培养条件、融合培养机制等维度上，不同性别的学生存在显著差异，男生得分显著低于女生得分。具体情况如表 3-23 所示。

表 3-23　性别在总均分与五个维度均分上的差异

	性别	$M\pm SD$	t	p
总均分	男	3.816±0.648	−3.154*	0.002
	女	3.921±0.555		
融合培养价值	男	4.109±0.921	−4.517*	0.000
	女	4.312±0.708		
融合培养目标	男	3.781±0.788	−2.901*	0.004
	女	3.898±0.695		
融合培养条件	男	3.684±0.742	−2.643*	0.008
	女	3.786±0.690		
融合培养活动	男	3.791±0.852	−1.149	0.251
	女	3.842±0.753		
融合培养机制	男	3.925±0.801	−3.418*	0.001
	女	4.062±0.667		

注:* $p<0.01$。

　　总体来看,女生比男生更赞同融合培养的价值、目标、条件和机制。这可能是由于一方面,男生的思维方式比较理性,对于职业技能这样的"硬件"更关注,而忽略了职业精神这样的"软件";另一方面,女生自我要求较高,除了努力提升自身职业技能之外,对职业精神培养也有较高的要求。因此,在进行高职学生职业技能与职业精神融合培养时,要考虑所采取的措施的效果是否会因性别不同而存在差异,尽量避免"性别差异"处理不当而导致的融合培养效果下降;另外,对男生的职业精神培养要给予重点关注。

　　4.上大学前就读学校类型在总均分与五个维度上的差异

　　独立样本 t 检验结果显示,上大学前就读学校类型(普通高中、中职)在融合培养价值维度上的差异达到显著水平,来自普通高中的学生的平均得分显著低于来自中职的学生的平均得分。具体情况如表 3-24 所示。

表 3-24　上大学前就读学校类型在总均分与五个维度均分上的差异

	上大学前就 读学校类型	$M\pm SD$	t	p
总均分	普通高中	3.892±0.595	−0.218	0.828
	中职	3.901±0.551		
融合培养价值	普通高中	4.235±0.799	−2.335*	0.020
	中职	4.345±0.692		
融合培养目标	普通高中	3.878±0.725	−0.619	0.536
	中职	3.848±0.728		
融合培养条件	普通高中	3.764±0.719	0.905	0.366
	中职	3.721±0.665		
融合培养活动	普通高中	3.832±0.801	0.232	0.816
	中职	3.820±0.742		
融合培养机制	普通高中	4.016±0.728	−1.234	0.217
	中职	4.075±0.629		

注：* $p<0.05$。

可见，上大学前就读学校类型不同的高职学生对融合培养价值的看法存在一定差异，来自中职的学生比来自普通高中的学生更加认同融合培养价值。这可能是由于来自中职的学生在高中阶段的教育中已较多接触职业技能与职业精神，对二者的融合培养有一定的认识与体会。因此，在对高职学生进行职业技能与职业精神融合培养价值教育时，对学生的"来源"要给予必要考虑，对来自普通高中的学生要给予重点关注。

（七）不同专业在总均分上的差异

F 检验结果显示，不同专业在总均分上的差异达到显著水平。具体情况如表 3-25 所示。

表 3-25　专业在总均分上的差异

专业	$M\pm SD$	F	p
电子商务	3.896±0.545	6.790*	0.000
绿色食品生产与检验	3.992±0.568		

专业	$M \pm SD$	F	p
护理	4.040 ± 0.546		
旅游管理	3.839 ± 0.544		
服装与服饰设计	3.574 ± 0.733	6.790^*	0.000
金融管理	3.917 ± 0.549		
模具设计与制造	4.006 ± 0.707		
动漫设计	3.860 ± 0.539		

注：* $p < 0.01$。

LSD事后多重比较显示：在对融合培养的看法上，服装与服饰设计专业显著低于电子商务、绿色食品生产与检验、护理、旅游管理、金融管理、模具设计与制造、动漫设计等专业（$p < 0.01$），电子商务专业显著低于模具设计与制造专业（$p < 0.05$），旅游管理专业显著低于模具设计与制造专业（$p < 0.01$），动漫设计专业显著低于模具设计与制造专业（$p < 0.05$），护理专业显著高于旅游管理专业（$p < 0.05$）。

可见，不同专业的高职学生对融合培养的看法存在一定差异，偏理工农医类专业的学生比偏文科类专业的学生对融合培养的认识水平要高一些。这可能是由于偏理工农医类专业的学生在平时的学习中比偏文科类专业的学生接触实践要多一些，对职业技能与职业精神的融合培养有更多的认识。因此，在进行高职学生职业技能与职业精神融合培养时，要根据具体专业的特点采取适当措施，对于偏文科类专业的学生，要多给予引导。

（八）高职院校在促进学生职业技能与职业精神融合培养方面可采取的措施

在高职学生问卷的最后，笔者设置了一个开放性问题："你认为高职院校可以采取哪些措施来促进学生职业技能与职业精神的融合培养?"共有1121份问卷对这个问题给出了答案，占有效问卷总数的72%，其中，有849人次从"实施课程综合改革""给予政策和资金等支持""加强校企合作""加强思想政治教育""多开展第二课堂活动""加强公共基础课建设""加强专业理论课建设""加强实践教学课建设""激发学生的成就动机""营造职业技能与职业精神培养氛围""重视对职业精神的培养""培养教师的融合培养意识""培养教师的融合培养能力""加强交流"和"构建人才培养体系"等15个方面(详见附录二)给出了有一定参考价值的建议①。这一方面说明接受调查的高职学生填写问卷时态度比较认真,另一方面也说明他们对职业技能与职业精神融合培养问题比较关注而且有较深入的思考。在他们提出的 15 个方面的建议中,排在前三位的分别是"多开展第二课堂活动""加强实践教学课建设"和"加强校企合作",它们在所有建议中的占比分别为 46.3%、15.3%和13.4%。此外,在"重视对职业精神的培养""营造职业技能与职业精神培养氛围""激发学生的成就动机""培养教师的融合培养能力""实施课程综合改革"和"加强交流"等建议上意见也比较集中,这些建议在所有建议中的占比分别为 8.2%、4.2%、2.5%、2.4%、2.1%和1.8%。具体情况如表3-26所示。

表 3-26　高职院校在促进学生职业技能与职业精神融合培养方面可采取的措施

序号	建议内容	人次	所占比例/%
A	实施课程综合改革	18	2.1
B	给予政策和资金等支持	4	0.5
C	加强校企合作	114	13.4
D	加强思想政治教育	7	0.8
E	多开展第二课堂活动	393	46.3
F	加强公共基础课建设	5	0.6
G	加强专业理论课建设	7	0.8
H	加强实践教学课建设	130	15.3
I	激发学生的成就动机	21	2.5
J	营造职业技能与职业精神培养氛围	36	4.2
K	重视对职业精神的培养	70	8.2
L	培养教师的融合培养意识	5	0.6

---

① 这15个方面的建议的名称是笔者根据学生们建议的内容归纳出来的,每一个方面的建议又包括若干具体的建议,详细内容可见附件二《高职学生对高职院校促进学生职业技能与职业精神融合培养可采取措施的建议》。答案录入时,对答非所问的答案未予考虑,对重复的答案计算人次,但不予重复录入;具体建议少于 2 人次的,在最后的《高职学生对高职院校促进学生职业技能与职业精神融合培养可采取措施的建议》中未予考虑;在尊重答案原意的前提下,对文字做了必要的提炼与润色处理。

续　表

序号	建议内容	人次	所占比例/%
M	培养教师的融合培养能力	20	2.4
N	加强交流	15	1.8
O	构建人才培养体系	4	0.5

四、调查结论

(一)绝大多数高职学生对融合培养价值持肯定看法

在接受调查的高职学生中,84.7%的学生对"职业技能培养与职业精神培养相互影响"持肯定看法("比较认同"和"非常认同",下同),87.4%的学生对"职业技能与职业精神融合培养很有必要"持肯定看法。

(二)大多数高职学生对融合培养目标有自己的判断

在接受调查的高职学生中,有69.6%的学生不认为"职业精神培养没有职业技能培养重要",有67.6%的学生对"学校对职业技能的培养不重视"持否定态度,有68.6%的学生对"学校对职业精神的培养不重视"持否定态度,有64.1%的学生认为所在学校培养出来的技术技能人才"大多数既具有较高水平的职业技能又具有较强的职业精神"。

(三)大多数高职学生认为融合培养条件有待完善

在接受调查的高职学生中,有78.0%的学生对"高职院校有必要对公共基础课、专业理论课、实践教学课等课程的有关内容进行整合"持肯定态度,有65.4%的学生对"高职院校有必要对公共基础课、专业理论课、实践教学课等课程所使用的教材进行修订"持肯定态度;对"在贵校校园里,职业技能学习氛围不浓厚"持否定态度("不大认同"和"不认同",下同)的学生所占比例只有55.7%,对"在贵校校园里,职业精神学习氛围不浓厚"持否定态度的学生所占比例只有54.1%。可见,大多数接受调查的高职学生认为融合培养的课程和教材有待改进,有近半数接受调查的高职学生对融合培养的环境(职业技能学习氛围、职业精神学习氛围)持不乐观态度。在接受调查的高职学生中,对学校任课教师的融合培养意识和融合培养能力的认同度都比较高,分别达到了70.1%和70.6%,但也有相当比例的学生对二者持不确定或否定态度,融合培养师资有待进一步完善。

(四)大多数高职学生对融合培养活动持肯定看法

在接受调查的高职学生中,有66.4%的学生对"在贵校思想政治课等公共基础课的教学中,很重视对职业技能和职业精神培养的引导"持肯定态度,有 71.1％ 的学生对"在贵校专业理论课的教学中,很重视对职业精神培养的引导"持肯定态度,有 71.4％ 的学生对"在贵校实践教学课的教学中,很重视对职业精神培养的引导"持肯定态度,有 75.3％ 的学生对"贵校很重视通过专业讲座、知识竞赛、技能竞赛、创新创业实践活动、专业社团活动、专业相关社会实践活动和寝室文化活动等第二课堂活动来培养学生的职业技能与职业精神"持肯定态度。

(五)绝大多数高职学生对企业和学生个人在融合培养中的作用有清楚的认识

在接受调查的高职学生中,79.5％ 的学生对"实现高职学生职业技能与职业精神融合培养目标需要加强校企合作"持肯定态度,78.0％ 的学生对"在高职学生职业技能与职业精神融合培养中,企业可以在培养目标确定、培养条件完善、培养活动开展等方面发挥重要作用"持肯定态度,77.3％ 的学生对"激发高职学生的成就动机,有利于促进其职业技能与职业精神的融合培养"持肯定态度。可见,绝大多数接受调查的高职学生对企业和学生个人在融合培养中的作用有清楚的认识。

(六)学校类型、年级、性别、上大学前就读学校类型和专业等因素对融合培养具有一定影响

调查发现,不同学校类型("国家示范校"和"非国家示范校")在总均分与融合培养价值、融合培养条件、融合培养活动、融合培养机制四个子维度上的差异达到显著水平,不同年级在总均分和融合培养价值、融合培养目标、融合培养条件三个子维度上的差异达到显著水平,不同性别在总均分和融合培养价值、融合培养目标、融合培养条件、融合培养机制四个子维度上差异达到显著水平,上大学前就读学校类型(普通高中、中职)在融合培养价值维度上的差异达到显著水平,不同专业在总均分上的差异达到显著水平。可见,学校类型、年级、性别、上大学前就读学校类型和专业等因素对融合培养都具有一定的影响,在选取融合培养措施时要对它们给予必要考虑。

(七)学生针对"高职院校在促进学生职业技能与职业精神融合培养可采取措施"提出了大量建议

在学生问卷最后的开放性问题中,学生对高职院校促进学生职业技能与职业精神融合培养可采取的措施提出了 15 个方面的建议,其中,占比超过 1％ 的建议有"多开展第二课堂活动""加强实践教学课建设""加强校企合

作""重视对职业精神的培养""营造职业技能与职业精神培养氛围""激发学生的成就动机""培养教师的融合培养能力""实施课程综合改革"和"加强交流",它们所占比例依次为 46.3％、15.3％、13.4％、8.2％、4.2％、2.5％、2.4％、2.1％和 1.8％。

第二节　高职教师问卷调查与分析

教师是办好职业技术教育,保证学校教学质量的关键,是职业技术学校办学的首要条件。[①] 作为高职学生职业技能与职业精神融合培养活动的主要实施者,高职教师对融合培养的认识对融合培养活动的开展极为重要,而且他们与融合培养存在的问题有大量"亲密接触"的机会,容易找到破解之道。因此,非常有必要对高职教师关于融合培养的看法进行调查。

一、调查问卷编制

综合考虑研究的需要和研究者所具有的条件,本研究运用笔者自己编制的非结构型问卷对高职院校教师进行调查。非结构型问卷又称无结构型问卷或开放式问卷,这一类问卷在问题的设置和安排上没有严格的结构形式,调查对象可以根据本人的意愿自由作答;一般被调查的人数较少,不用将资料量化。[②] 在理论研究的基础上,笔者参照综合型问卷《高职学生职业技能与职业精神融合培养情况调查问卷(高职学生)》的有关问题,编制了非结构型问卷《高职学生职业技能与职业精神融合培养情况调查问卷(高职教师)》。后者所问问题的主题大部分与前者相同,也有少数不同。对于相同的主题,后者主要从出现问题的原因和可能的解决办法角度提问,而不只是要求教师做出判断。对于不同的主题,主要是问一些高职学生难以回答的问题,以便对融合培养问题的了解更加全面。

《高职学生职业技能与职业精神融合培养情况调查问卷(高职教师)》的初稿共有 14 个题目,每一题有 1～3 个问题。初稿完成后,笔者请三位专家

---

① 纪芝信.职业技术教育学[M].福州:福建教育出版社,1995:146.
② 和学新,徐文斌.教育研究方法[M].北京:北京师范大学出版社,2015:227.

对问卷进行审读，并提出修改意见①。根据专家意见，笔者对问卷的指导语进行了修改，删掉了 4 个题目，并对部分问题的提问方式进行了调整。

《高职学生职业技能与职业精神融合培养情况调查问卷（高职教师）》的最后定稿（见附录三）共有 10 个问题，分别对导致职业技能培养与职业精神培养分离的原因，融合培养的目标定位与职业技能水平、职业精神水平的判断依据，相关课程内容整合，相关课程所使用教材的修订，教师融合培养意识与融合培养能力培养，职业技能与职业精神培养氛围营造，课堂教学活动中的融合培养，第二课堂活动中的融合培养，融合培养与校企合作，以及受访者所在高职院校融合培养现状等主题进行了提问。接受调查的教师可以根据自己的实际想法和所在高职院校的实际情况，直接将答案填写在题后空白处，字数不限。为了对教师们填写的内容做进一步的分析，笔者在基本信息部分设置了任教专业、任课类别、职称、教龄等项目要求教师填写。为了应对可能出现的"理解障碍"，笔者还在基本信息部分设置了姓名、移动电话和"QQ、微信或 E-mail"等项目要求教师填写，以便必要时做进一步交流。

二、调查过程

教师问卷编制完成后，笔者开始联系部分教师填写问卷。根据笔者的最初设计，问卷将在每一个题目后留出足够的空间，然后打印出来送给或者邮寄给各位教师填写，或者将排版好的电子问卷发给拟调查教师，请其打印出来后填写，但是，不少教师更倾向于填写电子版问卷，认为这样比较方便，因而笔者最后决定将教师问卷的填写方式定为填写电子版问卷②。笔者曾经在博士学位论文的研究过程中使用过电子版非结构型问卷，知道采用这一方式可能会出现复制他人答案、复制网络上的答案等非预期行为。为了规避这个问题，笔者增加了调查对象的数量，并向接受调查的所有教师强调填写个人真实想法和所在学校实际情况的重要性，以保证有效问卷的数量。

根据最初的设计，笔者拟对浙江、广东、重庆、辽宁、天津、河南等 6 省市 10 所高职院校的电子商务、绿色食品生产与检验、护理、旅游管理、服装与服饰设计、金融管理、模具设计与制造、动漫设计等 8 个专业的 72 名教师（在每一所进行学生问卷调查的高职院校的每一个专业找 1 名专业理论课教师

---

① 《高职学生职业技能与职业精神融合培养情况调查问卷（高职教师）》（初稿）与《高职学生职业技能与职业精神融合培养情况调查问卷（高职学生）》（初稿）的审读专家是一样的，两份问卷的审读活动也是一起安排的。

② 有一所学校的联络人是将电子版问卷打印出来给教师填写的，这样的问卷有 5 份。

和 1 名实践教学课教师)进行调查。但出于各种原因,只在浙江、重庆、辽宁、河南等 4 省市部分高职院校的部分专业进行了教师问卷调查。为了保证有效问卷的数量,也为了使被调查教师的专业覆盖面更广一些,笔者后来向 8 个专业以外专业的教师(包括原计划调查的省市以外省市高职院校的教师),特别是那些有教学管理岗位工作经历和职业素养类课程教学经历的教师发放了问卷。最后,共收回问卷 69 份。这些问卷,涉及浙江、江苏、重庆、辽宁、河南等 5 省市的 11 所高职院校,覆盖了电子商务、绿色食品生产与检验、护理、旅游管理、服装与服饰设计、金融管理、模具设计与制造、动漫设计、机械制造与自动化、畜牧兽医、动物医学、产品艺术设计、工程力学、连锁经营与管理、数控设备应用与维护等 15 个高职专业的专业课教师以及公共基础课(数学、英语、思想政治教育、大学生就业指导)教师。

　　问卷全部收回之后,笔者将 64 份电子版问卷打印出来,将全部 69 份问卷按照学校和专业的不同组合,分为 ZD、ZW、WD、WW 等 4 个不同的类别,然后在其后附上不同的数字表示不同的问卷。例如,ZD1 是指主要调查学校指定 8 个专业的第 1 份问卷,ZW2 是指主要调查学校指定 8 个专业之外专业的第 2 份问卷,WD3 是指主要调查学校之外学校指定 8 个专业的第 3 份问卷,WW4 是指主要调查学校之外学校指定 8 个专业之外专业的第 4 份问卷。笔者认真阅读了每一份问卷的每一个回答,发现有一部分问卷填写得非常认真,提供了比较好的观点或解决方法;有一部分问卷尽管与其他问卷的回答或者网络上的内容有一些相似之处,但也有一些自己的观点,因而基本可以判定为有效问卷。也就是说,收回的 69 份非结构型问卷均为有效问卷。笔者将所有问卷的答案以问题为顺序分别进行汇总,形成《〈高职学生职业技能与职业精神融合培养情况调查问卷(高职教师)〉答案汇总》(见附录四),作为后续分析之基础。由于这些答案对人们认识和研究高职学生职业技能与职业精神融合培养问题具有一定的参考价值,而笔者的分析有可能会遗漏这些答案的提供者所要表达的部分意思,因而将其附录于本书之后,供大家参阅。

三、调查结果与分析

(一)导致职业技能培养与职业精神培养分离的原因

　　"在高职技术技能人才培养中,导致职业技能培养与职业精神培养分离的原因是什么?"对于这个问题,不少接受调查的教师认为答案是"重职业技能培养而轻职业精神培养",也有一些教师对此原因做了进一步分析,并提出了一些其他的原因。综合来看,被调查教师认为导致高职技术技能人才培养中职业技能培养与职业精神培养分离的原因主要有以下几个方面:

第一,导向问题。各级技能"竞赛中考查的主要是职业技能,忽视对职业精神的考查"(ZD4),这导致高职院校的课程设置、教学与评价等方面重职业技能培养而轻职业精神培养。例如,"在课程设计中,没有突出职业精神这种软能力的嵌入";"在教学过程中,不太注重职业精神训练,或者训练方式单一,缺乏载体,没有入脑入心"(DW14)。"评价体系主要是针对职业技能的,鲜有针对职业精神的"(DW5)。

第二,职业精神的抽象性问题。"职业精神具有抽象性特征,是职业教育环节中的盲点和难点"(DW16)。这也可能导致人们重职业技能培养而轻职业精神培养,进而导致职业技能培养与职业精神培养分离。

第三,教师问题。这既包括教师自身素质存在的问题,也包括环境导致的教师问题。教师自身素质存在的问题包括,"教师实际工作经验少,对职业精神的理解更多在理论层面"(ZW7),"教师对不同岗位的职业精神认识不够,阅历不够"(DW14),"教师自身的职业技能与职业精神教育能力欠缺"(DW15)。环境导致的教师问题则为,"一线教师将大量时间和精力花在完成各种行政事务(包括班主任工作)方面,担心很多可能的惩罚和追责,更倾向于'讲课',而不是'教课',难以实现技能培养与精神培养的统一"(DW1)。

第四,学生问题。"愿意且适合"走技能成才道路的学生,"以就业为导向,在校期间较为注重对职业知识技能本身的学习(而忽视职业精神方面的学习)"(DW26)。"不愿意"走技能成才道路的学生,"对本专业无兴趣,也不想从事本专业相关工作"(DW24),"被强制学习职业技能已属不易,还奢谈精神?"(DW1)。

(二)融合培养的目标定位

对将高职学生职业技能与职业精神融合培养的目标定位于"培养高职学生具有较高水平的职业技能,同时具有较强的职业精神",回答"是"和"否"的教师分别为 57 人和 11 人(有 1 位教师表示"不确定"),分别占比 82.61% 和 15.94%,可见,认同这一目标的教师远远多于不认同这一目标的教师。

在不认同这一目标的教师中,ZW8 认为"(融合培养的)目标应该是技能",WD1 认为"高职院校应该主要把职业技能培养好,职业精神可以由学习者自己领悟。职业精神培养更多地受社会和家庭影响,不宜把学校的作用捧得太高"，WW4认为"当前职业教育定为'高素质技术技能人才'培养目标似乎已经涵盖了职业技能和职业精神。考虑到当前我国高职教育现状，在具体的培养过程中，职业精神的塑造很难在学校完成，可能更多地需要工作后在具体职场氛围中塑造。对于融合培养，我认为在当前三年制高职教育中，更像是高职教育的一种美好愿望"，WW7认为"当前职业教育定为'高素质技术技能人才'培养目标已经包含了这两方面，只是在培养过程中学校更加注重了理论知识与技术技能的培养，当然有些院校也把职业道德课程安排到了教育之中"。

"培养高职学生具有较高水平的职业技能"是现实中很多高职院校教师所拥护的观点，但将高职学生职业技能与职业精神融合培养的目标定位于此，明显背离了融合培养的本意。认为"职业精神可以由学习者自己领悟"，"职业精神培养更多地受社会和家庭影响，不宜把学校的作用捧得太高"，这样的观点失之偏颇。在职业精神的培养过程中，学习者无疑可以自己下一些"领悟"的功夫，社会和家庭也可以起到一定的作用，但学校的系统培养和反复训练是非常重要的，学校不应推卸自己的责任，而应与家庭、社会和学生一起形成合力，促进职业精神的培养。当前职业教育将"高素质技术技能人才"作为培养目标，其中确实既包含职业技能也包含职业精神，但这与将高职学生职业技能与职业精神融合培养的目标定位于"培养高职学生具有较高水平的职业技能，同时具有较强的职业精神"并不矛盾。

（三）职业技能水平、职业精神水平的判断依据

在高职技术技能人才培养实践中，职业技能水平判断和职业精神水平判断都是无法绕开的工作，而且后者相对于前者而言要难判断一些，因为职业精神相对而言要抽象一些。为了弄清楚教师们在实践中是如何做出相关判断的，我们在问卷中设置了相关问题："您认为应该根据什么来判断高职学生的职业技能水平和职业精神水平？"对于这个问题，只有15位教师给出了自己的观点，可见职业技能水平判断和职业精神水平判断确实存在较大的难度，大部分接受调查的教师对它们还没有一个完整的、清晰的认识。

做出了回答的15位教师的观点，都不能独立作为职业技能水平和职业精神水平的判断依据，但综合他们的观点，可以得出一个比较完整而且看似比较合理的判断依据：可以根据专业理论课考试成绩、操作技能考试成绩、顶岗实习成绩（或毕业设计成绩）、职业资格证书获取情况、技能竞赛获奖情况等综合评定职业技能水平，可以根据职业精神类课程（或职业素养类课

程)考试成绩、专业理论课和实践教学课教学过程中学生的表现、第二课堂活动中学生的表现与取得的成绩等来综合评定职业精神水平。

(四)相关课程内容整合

对"为了促进学生职业技能与职业精神的融合培养,高职院校是否有必要对公共基础课、专业理论课、实践教学课等课程的有关内容进行整合?"对于这一问题,有 58 位教师回答"是",有 10 位教师回答"否",有 1 位教师表示"不一定",占比分别为 84.06%、14.49% 和 1.45%。可见,大部分接受调查的教师认为高职院校对公共基础课、专业理论课、实践教学课等课程的有关内容进行整合有助于促进学生职业技能与职业精神的融合培养,但也有一些教师对此不认可。

在回答"否"的教师中,有 3 位给出了自己的理由,分别是"职业精神主要在实践教学中去培养"(ZD9),"对于公共基础课和专业理论课没有必要进行调整,实际教学提高教师本身的专业素养,应注意实训教学中职业精神培养目标"(ZW7)和"如果不重整的话,可以增加公共课对学生人文情怀方面的引导,提高学生精神层次"(WD32)。

对于整合时应该注意的问题,回答"是"的教师们提出的观点可以归纳为如下几个方面:

第一,不要一刀切,要根据专业实际情况实施,要允许差异化发展。例如,"应注意具体问题具体分析,按专业实际情况来,不要一刀切,不要规定必须什么课达到多少学时"(ZD4),"强调个性和差异,要在大同的基础上存异,要考虑到不同专业、不同岗位、不同个体的差别,允许差异化发展"(WD14)。

第二,要进行全面的调整,并注意细节,以便将整合落到实处。例如,"需注意对课程目标、内容、评价等方面进行改革调整"(WD10),"课程之间要衔接好,不重复"(WD1),"要有载体,不能空对空,而是借助一整套活动载体、学习载体的实际实施"(WD14)。

第三,公共基础课要和专业结合,但要注意避免被专业内容覆盖掉。例如,"避免把公共基础课完全覆盖掉"(WD31),"注意公共基础课和本专业的课相结合,如:使用的案例尽量选取本行业的,学生所熟知的公共人物、事件"(WW5)。

第四,要充分发挥一线教师的作用,并加强教师之间的合作。例如,"整合时应该加强一线教师的作用"(WD30),"可以通过具体专业的老师来开展公共基础课教学,或者由公共基础课老师和专业老师共同开发特色课程"
(ZW6),"加强教师之间,特别是不同部门间教师的沟通与协作"(WD6)。

（五）相关课程教材修订

对"为了促进学生职业技能与职业精神的融合培养,高职院校是否有必
要对公共基础课、专业理论课、实践教学课等课程所使用的教材进行修订?"
对于这一问题,有 57 位教师回答"是",有 12 位教师回答"否",占比分别为
82.61％和 17.39％。可见,大部分接受调查的教师认为高职院校对公共基
础课、专业理论课、实践教学课等课程所使用的教材进行修订有助于促进学
生职业技能与职业精神的融合培养,但也有一些教师对此不认可。

在回答"否"的教师中,有 5 位给出了自己的理由,分别是"职业精神的
培养关键在于老师的带动与指导,最重要的是老师自身是严谨认真的"
(ZD9),"教材修订不大现实,不需要。但是可以在教材基础上,改革课程教
学的内容和方法"(ZW6),"专业课教材修订要根据学生培养方案进行"
(ZW8),"教材是次要的,都还好,需要改的是培养计划"(ZW10)和"在课程
设置时全面考虑就可以了"(WD31)。第一位教师(ZD9)认为教师自身严谨
认真有助于学生职业精神的培养,这无疑是对的,但要实现学生职业技能与
职业精神的融合培养,仅有这个条件是不够的。第二位教师(ZW6)是一位
比较理性的、改良派的教师,主张"在(现有)教材基础上,改革课程教学的内
容和方法",以实现学生职业技能与职业精神的融合培养的目的,他的担心
不无道理,如果相关课程教材修订工作进展缓慢,教学中教师们可以按照他
的观点来操作。第三位教师(ZW8)和第四位教师(ZW10)都认为应该根据
培养方案来修订教材,这无疑是正确的,它是相关课程教材修订应遵循的基
本原则。第四位教师(WD31)指出,"在课程设置时全面考虑就可以了",说
得比较"虚",在实践中难以操作。

对于相关课程教材修订时应该注意的问题,回答"是"的教师提出的观
点可以归纳为如下几个方面:

第一,增加职业精神培养有关内容,既作专门介绍,又进行全面渗透。
例如,"在修订时应在不同课程教材中加入有针对性的职业精神培养内容"
(WD26),"更多地增加职业精神的内容,尤其是图文并茂的案例,而非单纯
的理论说教"(WD9),"把具有专业特色的职业道德、职业意识和职业行为习
惯等内容纳入教材之中"(WD35)。

第二,教材的内容和结构要体现出职业特点。例如,"教材在内容上可

适当增加职业精英人才的故事,在结构上体现技能的能力进阶与精神的层级结构"(WW3)。

第三,选择教材内容时要考虑到学生的接受能力。例如,"在符合学生接受能力的同时又要加入些强化的内容"(ZD7)。

第四,可开发校本教材。例如,"可以围绕学校的培养定位、专业培养定位,组织开发体现职业技能和职业精神融合的校本教材"(WD14)。

第五,由学校老师和企业人员共同完成教材修订,并将真实案例纳入其中。例如,"修订应由学校老师和企业人员共同完成,真正将企业实践经验融入教材中"(WD3),"教材修订中加入素养教育的内容,以企业真实案例教育学生"(WW6)。

（六）教师融合培养意识与能力培养

"为了促进学生职业技能与职业精神的融合培养,高职院校可以采取哪些措施来增强教师的融合培养意识? 又应该如何培养教师的融合培养能力?"对于这个问题,接受调查的教师们给出了如下答案:"制订相关政策并进行考核"(WD9),"多去培训,多开一些相关的研讨会"(WD11),"加强教研活动"(WD6),"老教师传、帮、带"(WD13),加强不同课程教师之间以及校内教师与校外教师之间的交流(WD3,WD9,WD10,WW6),增加教师在企业生产工作一线的实践经验(ZD5,ZW9,WD6,WD8,WD9,WD28,WD29,WW2),教师多开展相关理论学习、教学实践(WW7)。

（七）职业技能与职业精神培养氛围营造

"为了促进学生职业技能与职业精神的融合培养,高职院校可以从哪些方面着手来营造职业技能与职业精神培养氛围?"对于这个问题,不少接受调查的教师认为可以通过开展讲座、竞赛、技能竞赛活动周(或活动月)等活动营造职业技能与职业精神培养氛围,也有一些教师提出了通过张贴安全生产标语、制作宣传视频等方式营造职业技能与职业精神培养氛围的建议。

总的来看,教师们的建议可以归纳为如下几个方面:

第一,通过实践教学改革营造职业技能与职业精神培养氛围。例如,"建立仿真实训室,张贴安全标语、生产操作流程等,实行与企业接轨的实习实训管理制度等,营造渗透企业文化的校园文化氛围"(WD3),"在校内生产性实训中实行企业化管理"(WD8)。

第二,通过常规教育活动营造职业技能与职业精神培养氛围。例如,"可以通过平时的活动来营造职业技能与职业精神培养氛围,如入学教育、始业教育、军训、红五月活动、毕业季等形式"（WW1）。

第三，通过第二课堂活动营造职业技能与职业精神培养氛围。例如，"大量开展第二课堂活动，营造包含行业和企业文化的学校和专业文化"（WD8），"专家讲座、模拟招聘、技能竞赛、创新创业大赛等"（ZW9），"校园文化、社团活动、技能月活动等"（WD14），"举办校园技能展示活动周"（WD6）。

第四，通过环境塑造营造职业技能与职业精神培养氛围。例如，"环境塑造：包括教室、实训室、寝室"（ZD2），"建设融入大量职业元素的校园生活环境，设置企业文化长廊"（WD36），"建设自然、人文与职业融合的校园生活环境，设置企业文化长廊等"（WD37），"要创建自然、人文与职业融合的校园生活环境，设置文化浏览区"（WW2）。

第五，通过树立榜样营造职业技能与职业精神培养氛围。例如，"树立榜样，给学生精神力量，用有时效性的人物进行教育，不能空对空"（WD31），"树立相关的榜样"（WD7）。

第六，通过加强宣传营造职业技能与职业精神培养氛围。例如，"制作一些宣传视频"（ZD4）。

（八）课堂教学活动中的融合培养

这一部分对应的问题是"在公共基础课、专业理论课、实践教学课等课程的教学中，可以采取哪些措施来促进学生职业技能与职业精神的融合培养？"这个问题实际上包含了 3 个小问题——在公共基础课的教学中，可以采取哪些措施来促进学生职业技能与职业精神的融合培养？在专业理论课的教学中，可以采取哪些措施来促进学生职业技能与职业精神的融合培养？在实践教学课的教学中，可以采取哪些措施来促进学生职业技能与职业精神的融合培养？有的接受调查的教师可能没有理解题目的意思，或者不愿意多写，因而只针对其中部分问题做出了简单回答，也有一些教师做出了全面的回答。

细读教师们的回答，可以将他们提出的观点归纳为如下几个方面：

第一，提高对融合培养的认识，在教学过程各环节全面推进融合培养。例如，"转变教学观念，将职业技能和职业精神视为同等重要；改进教学设计，突出职业精神培养"（WD14），"教学目标校准融合，教学内容针对融合，教学过程贯穿融合，教学评价融入融合"（WW3）。

第二，重视职业精神培养，适当增加有关内容，并以适宜的方式适时地对学生进行引导。例如，"在理论授课中，注意案例分析时不仅教授做事方法与技巧,更要注重职业道德、商业伦理的讲授;在实训课中,融入六常管理(常整理、常整顿、常清扫、常安全、常维护、常修养),注重服务意识、创新意识、营销意识的塑造"(ZD2),"要改变当前专业课程的工具性倾向,将职业精神元素融入专业课程中"(WD6),"拓宽专业课平台,同时搭建类型和形式多样的满足学生发展的公共选修课平台,注重在各类课程平台融入职业精神元素"(WD8),"理论教学,添加人物传记,将本行业发展的关键人物、关键事件等作为教学内容;实践教学,在操作过程中强调操作规范,强调团队合作,强调工匠精神等职业精神"(WW5),"制定具有专业特色的职业精神培养目标,将职业精神内容渗透到全部专业课程标准中,落实到教学环节中……让学生在入学教育、军训、实习实训、顶岗实习及社会实践的真实或仿真环境中,感受相关岗位职业精神的重要性"(WD33)。

第三,重视评价在融合培养中的作用,通过评价促进融合培养。例如,"教学评价融入融合"(WW3),"教师知道判断职业精神的大致标准"(WD7),"改革课程考核方法,将纪律情况、学习态度、团队精神等纳入考核范围"(WD3),"对于一些不具备职业精神的学生,要敢于亮红牌,从人才培养方面严守质量关"(WD28)。

第四,让学生结合真实案例学,在实际活动中学,使学生得到更多的锻炼体会。例如,"把职业技能和职业精神融入活动中,让学生在活动中学习"(ZD6),"在公共基础课、专业理论课、实践教学课等课程的教学中,应最大限度地让学生参与教学,让他们亲自动手操作,这样可以有更好的体会,也会有更好的收获"(ZW11),"设置课堂讨论环节,或模拟职业环境"(WD10),"实际项目融入课程教学"(ZW9),"增加综合性实训环节(既提高职业技能又能培养职业精神);多让学生进企业,加大现代学徒制试点力度"(WD14),"结合企业的真实案例进行教学"(WD23),"以企业真实案例教育学生"(WD38)。

第五,重视教师在融合培养中的榜样作用。例如,"以教师自身丰富的实践经验现身说法,用教师的职业情感、职业精神直接影响学生"(WD38),"教师言传身教"(WD7)。

(九)第二课堂活动中的融合培养

大部分接受调查的教师都认同专业讲座、知识竞赛、技能竞赛、创新创业实践活动、专业社团活动、专业相关社会实践活动和寝室文化活动等第二课堂活动可以对学生职业技能与职业精神的融合培养起到促进作用。具体起到怎样的促进作用,不少教师没有具体回答或者答非所问,有的教师认为是促进职业技能掌握(例如,ZW2,WD4),有的教师认为是有助于职业精神培养(例如 ZW3)。也有教师指出,在第二课堂活动中,"技能竞赛有用,下企业实习实践有用,其他没什么用"(ZW8)。专业讲座、知识竞赛、技能竞赛、创新创业实践活动、专业社团活动、专业相关社会实践活动和寝室文化活动等第二课堂活动显然可以对学生职业技能与职业精神的融合培养起到促进作用,只是有的作用直接、见效快,例如技能竞赛,有的作用间接、见效慢,如寝室文化活动。从对这个问题的回答来看,教师们对职业技能与职业精神融合培养的认识还不够全面,有待提高。

为了促进学生职业技能与职业精神的融合培养,在第二课堂活动的开展中需要注意哪些问题? 对这个问题做出回答的教师不多,但其中有如下一些观点值得注意:

第一,要正确认识、系统设计与安排第二课堂活动,以增强融合培养的效果。例如,"第二课堂活动的开展必须依托第一课堂,作为第一课堂的辅助,不能本末倒置,更不能为了活动而活动"(WW4),"要注意形成系统性、持续性,并不断总结,确保活动的有效性,避免流于形式"(ZW6),"要加强设计,既不要没有针对性地面面俱到,也不能只突出某一方面,要抓重点活动、经典活动,要结合当代大学生的特点,开展题材新颖、健康活泼的第二课堂活动,充分体现职业技能和职业精神的融合培养理念"(WD14),"形式与内容需要精选"(ZD5),"各项活动结束后一定要有一个总结与评析"(WD6)。

第二,第二课堂活动的开展要与专业结合,体现专业特色,借助专业的力量,以取得更好的融合培养效果。例如,"活动的开展注意与本专业的职业精神相结合,体现专业特色"(WW5),"第二课堂活动应注意和专业结合,不是学工办一个部门搞,联合专业一起搞才能真正起到作用"(ZD4)。

第三,学校、教师要为第二课堂活动的开展提供必要的帮助与指导,但也不要干预过度,以便学生能够得到必要的锻炼。例如,"注意导师的指导与带领,这能让学生少走弯路,更有利于形成正向积极的作用"(ZW9),"开展中需要注意……学校负责'远距离'监管,教师负责'远距离'指导,发挥学生自身的能力"(ZW3)。

第四,第二课堂活动的开展要紧扣融合培养目标,尤其要重视对职业精神的培养。例如,"第二课堂活动要紧紧围绕学生职业技能与职业精神的融合培养目标"(WD35),"需要增加职业精神考察在这些活动中的评价比重"(WD5)。

（十）融合培养与校企合作

"在高职技术技能人才培养中,为了实现职业技能与职业精神的融合培养,高职院校和企业可以在哪些方面开展合作?"这个问题表面上是在问高职校企合作的内容,但落脚点在"职业技能与职业精神的融合培养"。从接受调查的教师们的回答来看,高职院校和企业可以开展以下合作:人才培养方案制订、课程开发、教材开发、师资培养、实践基地建设、校园文化建设、第二课堂活动开展、人才培养质量评价。这些方面与一般的高职校企合作的内容一样,但合作目的在于实现高职技术技能人才职业技能与职业精神的融合培养。

（十一）被调查教师所在高职院校是否已经意识到融合培养的重要性

这次针对高职教师的问卷调查,共涉及浙江、江苏、重庆、辽宁、河南等5省市11所高职院校的69名教师。其中,有60人(86.96%)认为所在高职院校已经意识到融合培养的重要性,有3人(4.35%)认为所在高职院校没有意识到融合培养的重要性,还有6人(8.69%)表示"不清楚"或未回答。可见,接受调查的教师所在高职院校大多已经意识到融合培养的重要性。这与笔者所了解到的高职院校的实际情况基本相符。

实际上,无论是从理论上还是从实践中,高职院校都能认识到职业技能与职业精神融合培养的重要性,但是由于职业精神培养过程复杂、冗长,加之急功近利的职教政策的影响,很多高职院校逐渐形成需求导向的办学思想,置职业精神培养于"说起来重要,干起来次要,忙起来不要"的尴尬境地,将本应浑然一体的职业技能培养与职业精神培养割裂开来。

（十二）被调查教师所在高职院校已采取的融合培养措施

如前所述,接受调查的教师所在高职院校大多已经意识到融合培养的重要性,而且很多高职院校已经采取了融合培养措施。在这些融合培养措施中,有以下一些值得注意:

第一,建立职业精神培养体系,系统强化职业精神培养。例如,"将隐性的职业精神外显化,全程落实在学生的生活、学习、工作和文明表现等方面,建立一个系统化的践行体系,纳入学分考核"(ZW1)。

第二,加强与实践的联系,增加实践学习与体验机会,增强职业技能与职业精神培养效果。例如,"将每门专业课程融入市场项目进行授课,课程运行就是实际项目的运行,从而在大大小小的项目中养成良好的职业精神"(WD19),"由老师牵头组建工作室,在学生课余时间提供相应项目实践"

(WD20)，"根据服务行业特点实行学徒制弹性学期人才培养模式，到企业切实感受'师傅'的职业素质与职业能力水平"(WD23)。

第三，根据学校、专业或课程特点，设置适宜的培养平台或教育教学活动，加强职业技能与职业精神的培养。例如，"通过'三结合'和'三个一'工程(一个切入点：以人文素质教育为切入点；一个平台：以课余素质拓展学分制为平台；一个融合：专业教育和人文素质的融合)，培养符合社会需求的'和谐职业人'"(WW2)，"作为一所专业的旅游院校……行业性质决定了我们学校高度重视职业精神培养。为此，我校特设'养成教育'课程，每学年每个班级都有一周时间在校园各处问候全校师生、提供帮助，让学生在职业技能的应用中体会职业精神"(WW3)，"推行'课前三分钟'活动，要求任课老师课前三分钟进行与课程相关的思想道德教育"(WD6)，"思政课授课与授课对象的专业相结合"(WW5)。

(十三)被调查教师所在高职院校融合培养存在的问题

在接受调查的教师中，有一部分人(29 人)指出了所在高职院校融合培养存在的问题。这些问题可以大致归纳为如下几类：

第一，学校对融合培养的认识不够充分。例如，"认识不够充分，并没有具体的措施来强化职业技能与职业精神的融合培养"(WD5)，"目前虽然意识到职业精神的重要性，但相比职业技能重视不够"(WD36)，"目前对职业技能与职业精神之间关系处理不够好，虽然意识到职业精神的重要性，但相比职业技能重视不够"(WD37)。

第二，融合培养缺乏相应的制度和操作规范，融合培养措施没有形成体系。例如，"职业精神培养缺办法，没体系，零敲碎打的活动比较多"(ZW6)，"缺乏系统的制度与操作手册"(ZD2)，"校企合作有待深入，公共课程与专业课程融合度不高"(WD15)，"已经有相应对策，对策方向明确，但具体落实的措施还有待进一步磨合"(WD16)，"没有细化到针对具体岗位类别的职业技能与职业精神融合培养的课程"(WD26)，"在措施上还跟得不是很紧"(WW1)，"职业精神的教学与评价系统有待开发与加强"(WW3)，"对学生职业精神的培养缺乏有效的评价标准，难以评估培养的效果"(WW4)。

第三，教师自身素养不高，在融合培养实践中对学生的引导不到位。例如，"教师引导不够到位"(WD34)，"教师引导不到位、不充分"(WD35)，"产教融合不够，教师实践经验不足"(WW7)。

第四，学生对融合培养特别是对职业精神培养的认识不够深，态度以应付为主。例如,"学生以应付为主,没有深层次理解职业精神"(ZW3),"学生认识不够深"(WD33)。

四、调查结论

(一)高职教师对职业技能与职业精神融合培养的认识有待提高

从上述分析可以看出,有一部分接受调查的高职院校教师对职业技能与职业精神融合培养有一定的认识,对导致职业技能培养与职业精神培养分离的原因,融合培养的目标定位与职业技能水平、职业精神水平的判断依据,相关课程内容整合,相关课程教材修订,教师融合培养意识与能力培养,职业技能与职业精神培养氛围营造,课堂教学活动中的融合培养,第二课堂活动中的融合培养,以及融合培养与校企合作等问题中的部分问题提出了比较有价值的观点。

但是,接受调查的高职院校教师对融合培养问题的整体认识和接受调查的高职院校教师整体对融合培养问题的认识都不大乐观,几乎没有一位教师能够对所有问题做出有说服力的回答,有的教师对相关问题的回答是答非所问、自说自话,有的教师对相关问题的回答则明显失之偏颇。例如,对"在您看来,专业讲座、知识竞赛、技能竞赛、创新创业实践活动、专业社团活动、专业相关社会实践活动和寝室文化活动等第二课堂活动,可以对学生职业技能与职业精神的融合培养起到怎样的促进作用?"这一问题,有一位教师做出的回答是"技能竞赛有用,下企业实习实践有用,其他没什么用"(ZW8),断然否定专业讲座、知识竞赛、创新创业实践活动、专业社团活动和寝室文化活动等第二课堂活动对学生职业技能与职业精神融合培养的促进作用,而这位教师还是有近 20 年教龄的博士、副教授。

(二)高职教师认为职业技能与职业精神融合培养存在的问题还比较多

调查发现,接受调查的教师所在高职院校大多已经意识到融合培养的重要性,而且很多高职院校已经采取了融合培养措施,但是,这些高职院校的融合培养存在"学校对融合培养的认识不够充分""融合培养缺乏相应的制度和操作规范,融合培养措施没有形成体系""教师自身素养不行,在融合培养实践中对学生的引导不到位""学生对融合培养特别是对职业精神培养的认识不够深,态度以应付为主"等四类问题,这些问题涉及融合培养的理念、条件、对象等方面。

第三节　个案分析

一、个案高职校选取缘由

本研究选取一所公办高职学院作为个案进行分析。该校有 20 余年的高职教育办学历史,在发展过程中有多所中等职业学校加入,目前设有与信息、环保、健康、旅游、时尚、金融、高端装备制造、文化创意等 8 个产业对应的高职专业。该高职校的发展轨迹与我国一般高职院校相似,而且其专业覆盖面广,与国家主要产业有着紧密的联系,因而以其作为个案分析高职学生职业技能与职业精神融合培养现状具有较好的代表性。

二、个案高职校融合培养的做法

个案高职校对学生职业技能和职业精神的培养都较为重视,这主要通过"实践教学养成教育"的持续推进得到体现。本部分根据笔者搜集到的个案高职校各二级学院 2015 年和 2016 年开展"实践教学养成教育"的计划和总结[①]、学校近几年主题教研活动系列报道等资料,并结合该校 2014—2018 连续 5 年的《高等职业教育质量(年度)报告》,对该校职业技能与职业精神融合培养的做法进行简要介绍。

（一）将职业精神元素融入人才培养方案[②]

当前高职院校职业技能与职业精神融合培养问题的实质是职业精神培养所受重视不够甚至缺失,因此,为了促进高职学生职业技能与职业精神的融合培养,就应该在高职技术技能人才培养活动中增加对职业精神的培养。个案高职校的农学院注意到了这一点。该院明确提出,要将职业精神元素融入人才培养方案。在制订 2016 级人才培养方案时,该院在 2015 级方案基础上,强化人文素养和职业素质教育,增加通识课比例,保证通识课学时不少于总学时的 20%,通过文理渗透、艺术熏陶、发展兴趣的通识选修课程

---

① 笔者原计划将该校历年开展"实践教学养成教育"的相关材料搜集起来进行分析,但 2017 年的"实践教学养成教育"考核工作因故未进行,没有相关材料,而 2015 年之前的相关材料,由于有关部门人员调整后交接出现问题,也无法获得。

② 此处参考了个案高职校农学院 2015 年和 2016 年的《实践教学职业素养养成教育总结》。

教学,提升学生文化品位和文化素质。该院将职业精神元素融入专业课程中,坚持知识学习、技能培养与品德修养相统一;同时注重在各类课程平台融入职业精神元素,既满足学生个性化需求,又为学生职业生涯发展奠定基础。通过教学和引导,使学生了解职业精神的基本要素、职业精神核心修炼的内容,明确职业精神的特质,提高对职业理想、职业道德、职业责任的认识,从而在主动学习职业技能的同时,深刻理解职业精神的重要意义。在课程教学活动中,该院将专业能力培养和职业素养教育等元素融入课程教学的全过程中,围绕技能训练、技能考核,将团结合作、吃苦耐劳、沟通协作、意志品格等各类职业元素落实到具体实践中。

（二）开设职业素养类课程

职业技能和职业精神都属于职业素养,它们是技术技能人才"在职业过程中表现出来的综合品质"。如何促进职业技能与职业精神的融合培养?为学习者开设包含二者的职业素养类课程是一种直接的解决方法。例如,个案高职校的机电学院和制药学院就结合各自专业特点,分别开设了"5S管理实务"[①]和创新课程[②]。

为了保证学生对职业素养培养认知的深度,机电学院在2015级和2016级所有专业均开设了"5S[③]管理实务"课。这门课具有以下几个特点:第一,在课程设置上,贯穿学生在校学习始终。每学期安排8课时,分5学期完成,共计40个课时。第二,在课程内容上,理论与实践相结合。具体包括5S概论,5S经典案例分析,5S体系推进,5S实施方法等内容。第三,在课程考核上,这门课程的考核由课程成绩、教学场所职业素养表现、寝室管理职业素养表现和日常行为规范表现等4个模块组成。课程成绩占20%,其余占80%(教学场所职业素养表现占40%,寝室管理职业素养表现占30%,日常行为规范表现占30%,志愿者服务为加分项)。教学场所职业素养表现由教科办考核,寝室管理职业素养表现由学工办考核,日常行为规范表现由多部门联合考核,志愿者加分项由学院团委考核。课程总成绩低于60分,或者4个模块中有任意一个模块考核不合格,这门课的成绩就判定为"不合格"。

---

① 此处参考了个案高职校机电学院2015年和2016年的《学生职业素质养成教育实施计划》和《学生职业素质养成教育实施总结》。

② 此处参考了个案高职校制药学院2015年和2016年的《学生职业素养培养总结》。

③ 所谓5S,是指"整理"(seiri)、"整顿"(seiton)、"清扫"(seiso)、"清洁"(seiketsu)和"素养"(shitsuke)。

补考以参加公益服务的形式进行,学生需要做不少于 12 个小时的公益服务来获得该课程的学分。

　　制药学院依托学院各专业的技术服务平台,以教师的产品研发、工程设计、技术服务、国家及省级技能竞赛等项目为载体,从 2015 年开始开设企业生产安全咨询、清洁生产审核实践、环境污染物检测实务、化学制药工程设计实务、新型药物及功能材料开发、植物有效成分分离与开发、新型催化材料开发、技能大赛挑战杯新苗计划等各类大赛项目共 8 门创新课程,2016 年通过对各服务项目的教学化改造,构建各创新课程教学内容,并建立了相应的课程标准。在该学院,共性的职业素养培养根据学院制定的《职业素养大纲》确定,个性的职业素养培养则根据每门创新课程的课程标准确定。例如,在"企业生产安全咨询"课程中,针对职业素养有如下要求:一是进出企业的着装规范和文明用语。二是教师(师傅)行为规范。咨询服务过程中要做到诚信、守时、细致、周全,安全评审过程中要做到公平、公正、严格、规范。三是在检查中学会危险源辨识和隐患排查,同时注意确立自身的安全意识、质量意识,养成按章操作、细致严谨的工作作风。四是在评审过程中要做到现场检查到位、不留死角,引用对照法律、标准准确,提出的整改意见客观有效。五是在报告编写中做到格式规范,用词准确,语言流畅,引用标准准确,评价到位。所有申报创新课程的教师,首先自己要遵守各种职业规范,再通过一整年的"师"带"徒",潜移默化地影响学生,促进学生职业素养的培养。

　　(三)在专业理论课、实践教学课中渗透职业素养教育[①]

　　职业素养教育是指遵循职业发展规律和职业素质养成规律,通过课堂教学、专业实训、职业指导、日常管理、校园文化熏陶、社会实践和自我修养等途径,帮助学生形成和发展在未来职业活动中可能发挥重要作用的内在品质和外在行为方式的教育实践活动。[②] 在高职技术技能人才培养实践中渗透职业素养教育,有利于减少"技能至上"倾向对学生成长造成的不利影响,培养出具有较高水平职业技能与职业精神的技术技能人才。

　　个案高职校很重视学生职业素养的培养。个案高职校旅游学院通过在

---

　　① 　此处参考了个案高职校旅游学院 2015 年和 2016 年《实践教学养成教育工作总结》、农学院 2015 年和 2016 年《实践教学职业素养养成教育总结》、机电学院 2015 年《学生职业素质养成教育亮点与成效》、信息学院 2015 年和 2016 年《学生实践教学养成教育总结》。

　　② 　魏启晋.论高职思想政治教育与职业素养教育的融合[J].职业教育研究,2012(7):19-20;刘敏.如何破解职业素养教育"两张皮"[J].中国高校科技,2018(Z1):84-86.

专业理论课、实践课教学中渗透职业素养教育的方式培养学生的职业素养。具体做法如下：在专业课程形成性考核中设置"职业素养"一项，其分值占课程总分的20%（其中18分为基础分，其余为加减分）。任课教师全程记录学生学习过程，根据学生课堂表现，客观公正地评定成绩，并说明赋分理由，然后将成绩表和《课堂教学学生职业素养养成记录》上交学院教科办。旅游学院在实践操练或者知识学习的基础上引入文化精神渗透，形成"70＋10"的新教学模式，将素养培养置于专业育人的重要位置。所谓"70＋10"，是指在80分钟的传统课堂内，70分钟内完成实践或知识教学，设计10分钟"文化素养熏陶"环节。"70＋10"模式的呈现可以是在传统课堂内结合教学需要进行10分钟的讲授、微课、讨论等形式各异的专题传统文化学习，可以是一个传统文化典故作为正课部分的导入或者总结，也可以是一个融合中国传统文化的专业实践项目。

个案高职校农学院的"临床兽医诊疗"实训课力求向学生传递作为一名兽医所需要的专业精神和工作态度。该课程以工作任务和职业素养培养为中心组织课程内容，教学目标在知识目标和技能目标之外，增加了素质目标，即：通过该课程的学习，使学生具有热爱科学、实事求是的学风；具备积极探索、开拓进取、勇于创新、自主创业的素质；具有良好的职业道德意识；具有服务"三农"、爱岗敬业、乐于奉献的职业素质。

在个案高职校机电学院所有课程的形成性考核中，职业素养均占一定比例，在理论课堂和实训课堂中，学生如果出现带零食进教室、课堂内玩手机、未穿实训服、实训器材未整理等情况，都会相应扣分，直接计入课程成绩。

个案高职校信息学院将7S[①]管理融入课程考核。该院对全体教职工进行了7S管理培训，编制了包含7S管理的《师生职业素养手册》，以综合值班为抓手推进实验室7S管理，并要求在实训室上课的课程，各任课教师在编制课程形成性考核方案时，都要将7S管理的相关要求作为必备内容。

（四）营造专业文化氛围和职业氛围[②]

大学教育通过"教书育人"培养合格的大学生，"教书"是手段，它作用于学生的理性层面，要想达到"育人"的目的，还必须营造一个良好的文化氛

---

①　所谓7S，是指"整理"（seiri）、"整顿"（seiton）、"清扫"（seiso）、"清洁"（seiketsu）、"素养"（shitsuke）、"安全"（safety）和"节约"（save）。

②　此处参考了个案高职校医学院2016年的《实践教学职业素质养成教育工作总结》。

围,作用于学生更为广阔复杂的非理性领域,使学生得到陶冶和感化。[①] 作为一类具有较强实践性特点的大学教育,高职教育为了实现培养具有较高水平职业技能与职业精神的技术技能人才的目的,应营造具有专业特色的文化氛围以及相应的职业氛围。

个案高职校医学院十分注重专业文化氛围的营造。该院校内实践基地大楼外围由聚苑亭、华佗铜像以及"福音百年"、"厚德敦医"、"百草园"等纪念石碑环抱,室内则以仿真医院和基础医学实验中心为主阵地,通过以下做法努力营造专业文化氛围:第一,在楼道、教学实训场所悬挂名人图片、格言警句、《本草纲目序言》长卷、卫校办学及杰出校友老照片,构建墙廊文化;第二,在大厅摆放南丁格尔铜像、陆月林事迹展板、"上善若水"百年护理教育座右铭,在玻璃幕墙张贴《人梯赋》和由明星教师、拔尖学生、模范校友三大板块组成的"五星广场",营造"让每一面墙壁都会说话,让每一个角落都能育人"的文化氛围;第三,在一楼廊墙设置医学教育百年长卷,在二至五楼廊道设置以福音护校、八婺女中、四眼井、卫校小树林命名的学习角,以及医护服装和器械用物沿革展示柜等,弘扬医学院百年医学教育发展形成的"上善若水"的服务理念。

个案高职校的师范学院、医学院、艺术学院、制药学院、机电学院等学院的有关专业通过统一穿职业装的方式营造专业文化氛围。该校学生大多比较认可分专业统一设置职业装的做法,文秘类专业、旅游服务类专业等以"职业西服套装"作为职业装,机电类专业、制药类专业等以"工装"作为职业装。要求学生穿职业装的场合有实训课、班级集体活动、学院或学校集体活动等几种,也有的专业要求"每星期固定穿两天"。[②]

个案高职校医学院通过建设校内仿真医院的方式营造职业氛围。该院临床医学、护理、助产、康复治疗技术等专业共享的校内实践基地已建成,建筑面积 1.6 万平方米,教仪设施设备总值近 3000 万元,诊室架构、病区设置和氛围营造都达到了现代小型医院要求的仿真医院标准,这个仿真医院可供 400 名学生同时实训,它与医院职业环境相仿、工作流程相近,学生身处实训室,犹如身在职场,这为学生职业素养养成提供了有力支持。

---

① 龙鸣.论大学校园文化氛围[J].湖北社会科学,2005(7):154.

② 此处参考了个案高职校 2015 年 8 月份发布的《学生实践教学职业素质养成调查分析报告》第 14 至 17 页和第 21 页的有关内容。

（五）在师资队伍建设中强调"企业经历"

具备一定"企业经历"的职业院校教师对职业技能与职业精神的形成过程与作用有着更加贴近职业实践的认识,而且他们的职业技能与职业精神经受过职业实践的熏陶,会留下许多痕迹,这些有利于提高教师的实践教学能力,并为学生的职业技能与职业精神学习树立良好的榜样,从而增强教育教学的效果。职业院校增加教师"企业经历"的途径通常有两条:一条是从企业引进技术或管理骨干担任专业教师或实训指导教师,这在《现代职业教育体系建设规划（2014—2020）》中有明确规定;另一条是让教师赴企业实践,这已被职业院校作为教师职后培养的一项基本制度。

个案高职校对增加教师的"企业经历"十分重视,并通过上述两条途径予以实施。该校陆续从企业引进既具有实践经验又具有工程、经济等系列中、高级专业技术职称的技术或管理骨干担任专业教师或实训指导教师,到2015年年初,该校已从企业引进机电、信息、建工、化工、农业、医学、经管、旅游、艺术等9个专业类别的155名教师,这些教师在学校相关专业的建设中发挥了较大作用,对学校人才培养质量的提高产生了积极的影响。让教师赴企业实践方面,该校早在2010年就制定了《教师参加社会（企业）实践的有关规定》,对社会（企业）实践的对象、基本原则、内容、时间及单位要求、实施要求、经费支持、工作考核和工作保障等做出了明确的规定。在这项工作的落实中,该校农学院除了要求每位专任教师每年参加1个月的社会实践外,还通过选派教师到企业脱产挂职锻炼、参加省培顶岗实习项目培训、担任科技特派员等方式增加教师们的企业经历。①

（六）开展主题教研活动②

主题教研是把平常教学中遇到的急于解决的或者大家感到困惑的问题进行整理、归纳、提炼,筛选出具有典型性和普遍性的问题作为教学研究的主题,各教研组围绕主题开展的一系列教学研究活动,它具有"针对性强,利于解决教学实际问题""合作性强,利于发挥教师团队优势"和"研究性强,利于促进教师专业发展"等特点。③ 系统、持续地开展主题教研活动,对于提高教师的教育教学能力具有重要意义。

---

① 　此处参考了个案高职校农学院2015年的《实践教学职业素养养成教育总结》。
② 　此处参考了个案高职校官网发布的主题教研活动相关报道的内容。
③ 　陈建学,陈和武.小议学校主题教研活动的开展[J].地理教育,2017(S1):92.

近几年,个案高职校举办了很多主题教研活动。在这些主题教研活动中,既有"四说""四重""四接""四促"①等系列主题教研活动(每一个系列下面分为若干个主题),又有针对教育教学改革中的重点、难点问题设置的非系列主题教研活动,如信息化教学主题教研活动、"改善永无止境"主题教研活动。每一次的主题教研活动,会根据主题内容在不同二级学院轮流举行,分管教学工作的校领导,教务处、教育督导处等相关职能部门负责人,各二级学院分管教学工作的院领导、教科办主任、专业负责人和教师代表,以及承办主题教研活动的二级学院的全体专业课教师参加,有时候也会邀请兼职教师代表、行业专家等参加。每一次主题教研活动,既有教师代表做汇报,也有集体研讨,还有专家和分管教学工作的校领导做点评。通过系列、持续的教研活动,该校不同专业教学团队都得到了较好的锻炼,教师们的教学能力和研究能力都有了明显的提升。这些为增强教师的融合培养意识、提高教师的融合培养能力奠定了重要的基础,而主题教研活动也成了增强教师融合培养意识、提高教师融合培养能力的重要途径。

(七)通过社团活动提升学生职业素养②

学生社团是指经过学校批准,由学生根据兴趣、爱好、特长等方面的共同点,在自愿的基础上组建的群众性团体,它是学生自我管理、自我教育的重要组织形式之一。学生社团活动有利于大学生政治思想素质的提高、健康人格的形成,以及创造性思维能力、实践工作能力和团队精神的培养,对学生职业素养的形成与培育有着不可替代的作用。③

---

① "四说"是指"专业主任说专业、课程组长说课程、骨干教师说课堂、专兼团队说项目",它"着重提升教师理念";"四重"是指"重点观摩三堂课、重点推进三项专业教学改革项目、重点实施三项社会服务项目、重点建设三个规范化实训基地",它意在"引导方法应用";"四接"是指"课程研究对接应用型学科的发展、课堂管理对接示范课堂的设计、实训运行对接高素质养成的要求、专业提升对接高端产业的需求",它意在"引领内涵提升";"四促"是指"以微课、精品课建设促课程载体多元,以平台课程建设促专业群转型升级,以示范课堂建设促课堂教学质量提高,以课题招标与自选结合促教改效率优化",它"落脚改革成效"。对这四个"四"的解释,引自个案高职校两位老师合著的论文(已公开发表)。由于要对个案高职校做匿名处理,故此处隐去参考文献具体信息。

② 此处参考了个案高职校《高等职业教育质量报告(2015)》《高等职业教育质量报告(2016)》《高等职业教育质量报告(2017)》和《高等职业教育质量年度报告(2018)》。

③ 丁常文,蒋龙余.浅论高职学生社团活动与学生职业素养的培养[J].职业教育研究,2009(4):24.

个案高职校十分重视学生社团在学生职业素养形成与培育中的作用，共创建了理论学习、职业技能、兴趣爱好、志愿服务等四类学生社团，在 2014 年、2015 年和 2017 年，学生社团总数分别达到 143 个、149 个和 157 个(2016 年数据不详)。2014 年，四类社团所占比例分别为 11.89%、30.77%、6.99% 和 50.35%，职业技能和志愿服务两类社团占到学生社团总数的 81.12%。2015 年，职业技能类社团达到 51 个，占到学生社团总数的 34.23%。

该校将社团活动的舞台充分交给学生，在活动经费和技术指导上给予大力支持。该校十分重视理论学习类社团和职业技能类社团的培育，通过举办科技文化节、创新创业竞赛等活动，提高学生的思想政治素质和科技创新能力。该校推行学生社团星级管理办法，创建了一批高层次、高品质的精品社团，并在精品社团中实施社团学分制，开展社团活动课程化建设，为学生开辟了高质量的"第二课堂"。通过参与社团活动，该校学生的职业技能、职业精神等职业素养都有了明显的提升。

（八）通过编写辅导读本促进学生职业素养培养[①]

搜集、整理职业素养相关知识、案例，以学生喜闻乐见的形式编写成职业素养培养辅导读本，然后以便于携带的小册子的形式发放给学生，可以让学生易于接受这些信息，收到较好的职业素养培养效果。个案高职校的机电学院、信息学院、师范学院、农学院、医学院、制药学院等二级学院的老师们深谙此中道理，他们纷纷通过编写辅导读本的方式来促进学生职业素养的培养。

机电学院相关部门联合"5S 管理实务""精益管理"课程组编写了《明德知行 敏思——精益求精职业素养养成之旅》读本，该读本包括"5S"与精益管理要义、我的文明寝室、我的操行素养、我的志愿服务与公益、我的职业能力培养、"'5S'实务"课程标准和"'5S'职业素养实务"课程践行评价体系等七个方面的内容。

信息学院组建了职业素养手册编制团队，通过企业考察、参加培训，并结合学院特点，从校园文化、职业素养、素养规范、7S 管理和实训室安全等五个方面编写了《职业素养手册》。

---

① 此处参考了个案高职校机电学院、信息学院、师范学院、农学院、医学院、制药学院等二级学院 2015 年和 2016 年的《学生职业素养培养工作总结》。

医学院在以往严格管理的基础上，编制了《7S 管理学习指导书》，以宿舍的卫生、纪律、安全和文化等方面为突破口，持续推进至课堂、实训室及校园公共空间。该院职能部门和专业全员参与学生良好行为习惯的养成，使以提升素养为核心和精髓的 7S 管理模式得到全面的推广。

师范学院认为，学生职业行为手册的推行是学生养成正确职业道德和职业行为习惯的关键，因而该院各专业结合就业岗位需求，与合作基地单位共同编制了《学前教育专业学生礼仪三字经读本》《小学教育专业学生职业行为规范手册》《文秘专业学生礼仪手册》《传播与策划专业礼仪手册》和《体育运营与管理专业职业服务礼仪手册》等学生职业行为手册。

（九）通过举办讲座、经验交流等活动提升学生职业素养

邀请在某一个方面有深入研究或丰富经验的人做专题讲座或经验交流，可以为学习者提供有深度的或者丰富的信息，这有利于提高他们的认识，进而促进他们职业素养的提升。因此，高校在人才培养中都很重视这一类活动的作用。

为了提升学生的职业素养，个案高职校几乎所有二级学院每年都会举办一些讲座、经验交流等活动，而且，有的学院这类活动的量比较大，有的学院则形成了自己的特色。例如，2015—2016 学年第一学期，从 10 月份开始，信息学院就举办了优秀校友、优秀学长励志成才报告、全国技能大赛获奖者经验交流、教师出国（境）考察分享、行业企业员工素质技能规范展示等 10 余场讲座、经验交流活动，帮助学生全面了解专业行业发展前景、用人单位对技术技能人才的素质要求以及学习方法等，使学生受到一定的职业素养教育。而在师范学院，则形成了通过讲堂（班级讲堂、园长讲堂）、讲座（专业年度讲座）、主题活动等形式培养学生职业素养的特色做法。

（十）通过职业技能竞赛提升学生职业素养[①]

科学的职业技能竞赛活动是实现"工学结合、校企合作、顶岗实习"规范化的制度创新形式，其项目设计及时引入最新科学技术，综合考虑了企业生产实践和技术发展趋势。作为一项职业性的竞赛活动，它以职业项目或职业任务为方式，对参赛选手利用已掌握的职业技能解决实际问题的能力进行考察；它在注重考查学生运用职业技能解决实际问题能力的同时，也对学

---

① 此处参考了个案高职校《高等职业教育质量报告（2015）》《高等职业教育质量报告（2016）》《高等职业教育质量报告（2017）》和《高等职业教育质量年度报告（2018）》。

生的职业素养和心理素质、合作意识、团队精神、自信心提出了具体要求。如果组织得好,职业技能竞赛能够为职业院校人才培养目标的实现提供一个可靠的"抓手",为职业院校自我评价办学水平和确定教育改革方向提供具有清晰显示度的"晴雨表"。[①]

个案高职校十分重视技能竞赛在技术技能人才培养中的作用。该校建立了院、校、省三级竞赛选拔制度,制定出台了校院两级技能竞赛管理办法,鼓励学生积极参与各级技能竞赛,争取做到"初赛人人参与,省赛选拔参与,国赛集训参与"。该校积极探索赛教融合的教学改革,开展企业项目、竞赛项目、科研项目的教学化改造,建立了专兼结合的教练体系,并与国内知名企业合作开展学生实训。通过以赛促学、以赛促教、以赛促改等方式,该校学生的职业技能与职业精神水平都有了较大的提升,在职业技能竞赛活动中取得了优异的成绩。中国高等教育学会于 2018 年 2 月 2 日发布的"2013—2017 年中国高校创新人才培养暨学科竞赛评估结果"指出,个案高职校在"2013—2017 年全国普通高校学科竞赛评估结果(高职)TOP300"和"2017 年全国普通高校学科竞赛评估结果(高职)TOP100"两个排行榜中都位于全国高职院校前列。浙江省教育厅高等教育处等单位组织编写的《2017—2018 年浙江省职业院校技能大赛质量分析报告》也指出,2016—2018 年,在总获奖项数、一等奖获奖项数的全国排行榜上,个案高职校连续三年名列全国前十名,而且竞赛成绩稳定。[②]

三、个案高职校融合培养存在的问题及其原因

前一部分对个案高职校融合培养的一些好的做法进行了介绍。尽管所掌握的信息可能不够全面,但也可以看到,该校在促进学生职业技能与职业精神融合培养方面做了不少工作,而且有一些做得还很不错。当然,该校的融合培养工作也存在如下问题:

第一,对职业精神等职业素养的培养不够重视。据个案高职校相关部门领导介绍,该校已开展"实践教学养成教育"多年,而且学校每年都对该项工作进行考核评比。按照常理,这项工作应该会得到各二级学院的高度重视。然而,从各二级学院 2015 年和 2016 年的总结材料来看,学校和部分二级学院对这一项工作并不是很重视。学校连续两年发布的通知均将这一项

---

① 陈玉玲.职业院校技能竞赛的教育价值[N].光明日报,2013-6-10(7).

② 浙江省教育厅高等教育处,等.2017—2018 年浙江省职业院校技能大赛质量分析报告[R].2018:35.

工作称为"实践教学养成教育"，然而部分二级学院在提交的材料中，对它的称呼除了"实践教学养成教育"之外，还有"职业素质养成教育""实践教学职业素养养成教育""职业素养培养""素质养成教育""实践教学职业素质培养"等五个。对二级学院在称呼这一项工作时显现出来的"差异性"，学校有关部门表现得相当包容，任其"各行其是"。另外，从提交材料的内容上来看，有的二级学院2016年的总结大部分与上一年的总结相同，有的二级学院只是在某一方面或少数几个方面进行了尝试。

可见，该校相关部门和二级学院对"实践教学养成教育"、对职业精神等职业素养的培养不够重视。导致这一问题的原因，应该是该校还未树立起融合培养的理念，没有将职业精神的培养置于与职业技能培养一样重要的位置，而只是将其作为技术技能人才培养工作的一个"点缀"。

第二，部分教师职业素养水平不高。具体表现有：在个案高职校某二级学院2015年编制的《学生素养规范》中，存在多处明显的常识性错误（例如"上下楼梯靠右行，进出电梯靠右行，上车先上后下"）、笔误（例如"着装干净、整洁、大放"）和标点符号使用不当（例如"具有时间观念提前5—10分钟抵达相关地点，宁愿等别人不让别人等你"）。

编制这一《学生素养规范》的教师在平时的生活中可能比较随意，觉得话说得"差不多"就行了，别人能够明白是什么意思的，写错几个字、少打几个标点符号也没关系。但这是作为"规范"来约束、引导学生的，如此随意，如何约束学生？意欲将他们引向何方？而且，这一规范编制出来后，必定要经过审核把关才能付诸实践，但竟然有这么多明显的错误没有审出来，而且，在年终的"实践教学养成教育"总结评比工作中，又这样"原生态"地递交给了学校有关部门。不得不说，部分教师职业素养水平堪忧。俗话说，"打铁还需本身硬"，如此职业素养的教师，我们能对他/她培养出高素质的技术技能人才抱多高的期望？导致这一问题的原因，固然有教师自己对职业精神等职业素养不够重视，应该也与学校未对教师的职业精神等职业素养开展有针对性的培训并进行严格考核有关。

第三，第二课堂活动在职业素养培养方面效果不佳。个案高职校组织开展了大量学生社团活动和讲座、经验交流等第二课堂活动，但这些活动大多是由二级学院的学工办教师组织的，教科办、团委和专业系部的教师参与较少。这实际上是我国高校存在的一个比较普遍的现象。由于第二课堂活动数量众多，而学工办教师往往身兼多职，因而他们没有那么多的精力去精心组织每一项活动，导致这些活动在学生职业素养培养方面的效果不佳。

开展第二课堂活动,并不是为了证明学校做了多少工作、学生的课外生活有多么精彩,而是为了促进学生职业素养的培养。因此,要开展哪些第二课堂活动,需要邀请哪些人参加,怎样开展这些活动效果更好,等等,这些方面都需要经过精心的设计与安排,而这些,光靠学工办几个教师是难以出色完成的,教科办、团委和专业系部教师都需要参与进来。既然如此,为什么这些二级学院第二课堂活动的组织会由学工办教师独自支撑?这可能有各二级学院机构设置和人员安排的原因,但关键原因可能在于对第二课堂活动的作用重视不够。

第四节　高职学生职业技能与职业精神
融合培养现状与改进对策

通过对浙江、广东、重庆、辽宁、河南等5省市9所高职院校1556名学生所做的综合型问卷调查,笔者发现:绝大多数高职学生对融合培养价值持肯定看法,大多数高职学生对融合培养目标有自己的判断,大多数高职学生认为融合培养条件(课程、教材、师资、环境)有待完善,大多数高职学生对融合培养活动(公共基础课、专业理论课、实践教学课等课程的教学,第二课堂活动)持肯定看法,绝大多数高职学生对企业和学生个人在融合培养中的作用有清楚的认识;在学生们对高职院校促进学生职业技能与职业精神融合培养可采取措施的建议中,"多开展第二课堂活动""加强实践教学课建设""加强校企合作""重视对职业精神的培养""营造职业技能与职业精神培养氛围""激发学生的成就动机""培养教师的融合培养能力""实施课程综合改革""加强交流"等建议出现的频率较高;学校类型、专业、年级、性别、上大学前就读学校类型等因素对融合培养具有一定的影响。

通过对浙江、江苏、重庆、辽宁、河南等5省市11所高职院校69名教师所做的非结构型问卷调查,笔者发现:有一部分接受调查的高职院校教师对职业技能与职业精神融合培养有一定的认识,但是,接受调查的高职院校教师对融合培养问题的整体认识和接受调查的高职院校教师整体对融合培养问题的认识都不大乐观;接受调查的教师所在高职院校大多已经意识到融合培养的重要性,而且很多高职院校已经采取了融合培养措施,但是,这些高职院校的融合培养存在"学校对融合培养的认识不够充分""融合培养缺乏相应的制度和操作规范,融合培养措施没有形成体系""教师自身素养不高,在融合培养实践中对学生的引导不到位""学生对融合培养特别是对职业精神培养的认识不够深,态度以应付为主"等问题,这些问题涉及融合培养的理念、条件、对象等方面。

通过对个案高职校学生职业技能与职业精神融合培养情况所做的分析,笔者发现,该校的融合培养工作存在"对职业精神等职业素养的培养不够重视""部分教师职业素养水平不高""第二课堂活动在职业素养培养方面效果不佳"等问题,这些问题涉及融合培养的理念、条件、活动等方面。

综合上述调查结果与分析,笔者认为,当前高职学生职业技能与职业精神融合培养已具有一定基础,部分高职院校已经意识到融合培养的重要性并采取了一些融合培养措施,部分高职院校教师对融合培养具有一定的认识,接受调查的大多数学生对融合培养有一定的认识并对其持支持态度;但是,当前高职学生职业技能与职业精神融合培养也存在一些问题,例如,"学校对融合培养的重视程度不够高、认识不够充分""融合培养缺乏相应的制度和操作规范,融合培养措施没有形成体系""融合培养活动开展所需要的课程、教材、师资、环境等条件有待完善"。为了推动高职学生职业技能与职业精神的融合培养,使培养出来的技术技能人才具有较高水平的职业技能与职业精神,高职院校应该构建高职学生职业技能与职业精神融合培养体系,弄清楚高职学生职业技能与职业精神融合培养机制。

第四章　高职学生职业技能与职业精神融合培养的体系构建与机制探索

从前面的调研可以看出,当前部分高职院校已经意识到融合培养的重要性并采取了一些融合培养措施,但其融合培养措施没有形成体系,融合培养活动开展所需要的相关条件有待完善。正因为如此,其融合培养给教师们的印象是受重视程度不够,效果不佳。为了增强高职学生职业技能与职业精神融合培养的效果,笔者认为应构建一个完整的融合培养体系,并对其动力机制、运行机制和保障机制形成全面、深入的认识。

第一节　高职学生职业技能与职业精神融合培养的体系构建

体系是指若干有关事物互相联系、互相制约而构成的一个整体。[①] 在这样的"整体"中,"有关事物"在相互作用下,处于动态平衡状态,它们对某个对象的作用效果要优于非"整体"状态时产生的作用效果之和。为了增强高职技术技能人才的培养效果,笔者认为应将高职学生职业技能与职业精神融合培养实践中的融合培养理念、融合培养目标、融合培养条件和融合培养活动等相互之间存在一定促进作用的要素联系起来,构建一个完整的融合培养体系。

---

① 夏征农,陈至立.辞海:第六版彩图本[Z].上海:上海辞书出版社,1999:2237.

一、构建高职学生职业技能与职业精神融合培养体系的必要性

构建高职学生职业技能与职业精神融合培养体系,既有助于高职学生职业技能与职业精神融合培养实践的开展,也有助于提高高职技术技能人才培养质量。在当前高职技术技能人才培养中职业技能培养片面发展、职业精神培养效果不佳的情况下,构建融合培养体系十分必要。

(一)构建融合培养体系有助于融合培养实践的开展

高职学生职业技能与职业精神融合培养是指在高职技术技能人才培养实践中,将职业技能培养和职业精神培养合为一体,按照培养目标长期地教育和训练学生,使学生获得成长。这项人才培养实践和其他任何一项人才培养实践一样,应该在人才培养理念的指引下,制订人才培养目标,继而完善人才培养条件,并切实开展人才培养活动。

在当前的高职技术技能人才培养实践中,尽管存在对职业技能培养的认识不足、职业技能培养条件不够完善和学生学习职业技能的积极性不高等问题,职业技能培养仍然占据"主体地位",如果只是在人才培养实践中的一个或几个环节进行融合培养的努力,例如,在培养活动环节中增加职业精神培养,很难扭转职业精神培养整体处于"边缘地位"的不利局面,取得预期的职业技能与职业精神融合培养效果。构建包含融合培养理念、融合培养目标、融合培养条件和融合培养活动等要素的融合培养体系,也就是对现有的高职技术技能人才培养实践进行全面的"融合培养式"改造,可以使融合培养理念贯彻落实到技术技能人才培养的各个环节,从而系统推进高职技术技能人才融合培养实践的开展。

(二)构建融合培养体系有助于提高技术技能人才培养质量

职业技能与职业精神是职业活动发生过程中两种紧密相关的事物,它们相互促进、相互依赖,共同作用于职业活动对象,决定着职业活动的效果。在理想状况下,二者应该是完全融合的。然而在以往的实践中,由于对职业活动规律缺乏正确认知和必要尊重,为了"多、快、好、省"地培养经济社会发展急需的技术技能人才,高职院校不顾自身师资、设备、经费、生源等条件不佳的状况,通过"专项强化"职业技能培养的方式进行技术技能人才培养,导致技术技能人才培养实践中职业精神培养不受重视,职业技能培养质量乃至整个技术技能人才培养质量都打了折扣。构建高职学生职业技能与职业精神融合培养体系,让职业精神培养和职业技能培养回归各自的位置、发挥应有的作用,有助于增强职业精神和职业技能培养效果,从而提高技术技能

人才培养质量,培养出大批有厚重职业精神滋养的具有较高职业技能水平的技术技能人才,而不是传统的"操作工"式技术技能人才,以满足新形势下国家经济社会发展对技术技能人才的需求。

二、高职学生职业技能与职业精神融合培养体系的构成

一个完整的体系必须具备驱动、主导和保障系统,才能有序、高效地运转,从而实现目标。驱动系统解决思想和理念层面的问题,起着引领整个系统的功效;主导系统解决具体操作和实施层面的问题;保障系统则对整个系统的正常运转起着反馈和调节作用。[①] 结合对高职学生职业技能与职业精神融合培养现状的调查与分析,对高职学生职业技能与职业精神融合培养的理论研究,以及德国、日本和瑞士三个国家职业技能与职业精神融合培养的经验,笔者认为可以构建由融合培养理念、融合培养目标、融合培养条件、融合培养活动等四个要素构成的高职学生职业技能与职业精神融合培养体系。融合培养理念指引着融合培养目标的制订、融合培养条件的完善和融合培养活动的开展,是融合培养体系的驱动系统;融合培养目标是融合培养理念在高职技术技能人才培养目标上的具体化,融合培养活动是融合培养的主要载体,二者构成融合培养体系的主导系统;融合培养条件是融合培养活动开展和融合培养目标实现的基础,是融合培养体系的保障系统。

(一)融合培养理念

为了实现高职学生职业技能与职业精神的融合培养,应树立"7 个融合"(目标融合、课程融合、教材融合、师资融合、环境融合、课内融合、课外融合)的培养理念。目标融合是指职业技能培养目标与职业精神培养目标融合。也就是说,在高职学生职业技能与职业精神融合培养实践中,不能只重视见效快的职业技能的培养,也要对培养过程复杂、冗长的职业精神的培养给予足够的重视,从而使得培养出来的技术技能人才同时具备较高水平的职业技能与职业精神。课程融合是指将高职院校的公共基础课、专业理论课、实践教学课等课程的有关内容进行整合,以促进学生职业技能与职业精神的融合培养。教材融合是指对高职院校公共基础课、专业理论课、实践教学课等课程所使用的教材进行修订,以促进学生职业技能与职业精神的融合培养。师资融合是指职业技能培养教师与职业精神培养教师融合,让两类教师都具备较高水平的职业技能与职业精神,并最终使教师集职业技能培养

---

① 张晋.高等职业教育实践教学体系构建研究[D].上海:华东师范大学,2008:188.

能力与职业精神培养能力于一身。环境融合是指职业技能培养环境与职业精神培养环境融合。课内融合是指在公共基础课、专业理论课、实践教学课等课程的教学中,结合融合培养目标、专业特点和课程特点,采取一定的措施促进学生职业技能与职业精神的融合培养。课外融合是指在专业讲座、知识竞赛、技能竞赛、创新创业实践活动、专业社团活动、专业相关社会实践活动和寝室文化活动等第二课堂活动中,根据现实情况进行合理安排,实现职业技能和职业精神在每一项活动中的"一体化"融合培养或者在所有活动中的"结构型"融合培养。

(二)融合培养目标

1.高职教育人才培养目标

高职教育人才培养目标是高职院校对其学生的身心发展"所提出的具体标准和要求"。它是高职教育人才培养模式选择、课程体系建设、教学内容组织以及人才培养评价等的基本依据,是高职教育的出发点和归宿。[1] 在我国高职教育发展的不同时期,政策文本中关于人才培养目标的表述不断调整,1980—1993 年是技能型人才,1994—1998 年是实用型人才,1999—2002 年是应用型人才,2003—2011 年是高技能人才,2012 年以来是技术技能人才。[2] 对于当前主要处于专科层次的高职教育而言,其人才培养目标是将学生培养成"面向生产、建设、管理、服务等一线岗位",具有一定的理论知识、比较丰富的实践经验、较强的动手操作能力、良好的职业道德和一定的创新能力[3]的技术技能人才[4]。

2.高职学生职业技能与职业精神融合培养目标

高职学生职业技能与职业精神融合培养是培养高职学生具有较高水平的职业技能和职业精神。如前所述,职业技能是指"在一定知识和经验基础

---

[1]　周建松,唐林伟.高职教育人才培养目标的历史演变与科学定位[J].中国高教研究,2013(2):94.

[2]　周建松,唐林伟.高职教育人才培养目标的历史演变与科学定位[J].中国高教研究,2013(2):94-96.

[3]　何应林.高职院校技能人才有效培养研究[M].西安:西安电子科技大学出版社,2016:74.

[4]　虽然笔者比较倾向于将当前主要处于专科层次的高职教育的人才培养目标表述为"高级技术技能型人才",但在我国高职教育实践与理论研究中,"技术技能人才"的表述已得到广泛认同,而且"高级技术技能型人才"也属于"技术技能人才",所以此处将高职教育的人才培养目标表述为"技术技能人才"。

上,经过练习而获得的'按某些规则或操作程序顺利完成某种智慧任务或身体协调任务'"的、可以满足"个人在社会中所从事的作为主要生活来源的工作"需要的"活动方式",是"人们顺利完成某项职业活动的行为模式或程序的总和";职业精神是指"在职业理性认识基础上的职业价值取向及其行为表现",具体表现为在职业活动中的"热情、严谨、细致、负责、高效的行为及风貌"。在高职技术技能人才培养实践中,如何判断学生的职业技能水平和职业精神水平?结合接受问卷调查的高职教师的建议,笔者认为可以根据专业理论课考试成绩、操作技能考试成绩、顶岗实习成绩(或毕业设计成绩)、职业资格证书获取情况、技能竞赛获奖情况等综合评定职业技能水平,根据职业精神类课程(或职业素养类课程)考试成绩、专业理论课和实践教学课教学过程中学生的表现、第二课堂活动中学生的表现与取得的成绩等来综合评定职业精神水平。

3. 二者的关系

从上述分析中可以看出,职业技能与"具有一定的理论知识、比较丰富的实践经验、较强的动手操作能力"对应,职业精神与"具有良好的职业道德和一定的创新能力"之间有一定的交叉。也就是说,"高职学生职业技能与职业精神融合培养目标"与"高职教育人才培养目标"之间有较多的交叉之处,但二者不尽相同。在比较理想的情况下,"高职教育人才培养目标"应该包含"高职学生职业技能与职业精神融合培养目标",即高职教育培养出来的技术技能人才应该具有较高水平的职业技能和职业精神,但当前还无法"包含",这跟以往的高职技术技能人才培养实践中职业精神培养不受重视有关。职业精神是职业技能形成和进一步提高的动力,职业精神培养是高职技术技能人才培养中的应有之义,在特定的历史时期,采取"重职业技能培养轻职业精神培养"的应急式做法进行技术技能人才培养是可以理解的,但在高职教育已经获得了长足发展、国家经济社会发展对技术技能人才的素质要求也发生了很大变化的今天,再因循守旧、裹足不前,就不可接受了。高职技术技能人才培养必须将职业精神培养置于与职业技能培养同等重要的位置,使培养出来的技术技能人才同时具有较高水平的职业技能和职业精神。为了使高职学生职业技能与职业精神融合培养目标最终得以实现,应该在制订融合培养目标时,将职业技能和职业精神都列入其中,而且,要将它们分别细化为一个个具体的、可以测量或者大致判断的小的目标,以保证其培养能够落实到位。

（三）融合培养活动

1.高职技术技能人才培养的主渠道

高职技术技能人才培养的主要渠道有两条，即课堂教学和第二课堂活动。

课堂教学是教师传道授业的重要环节，是学生获取知识、增长见识、提高素质和能力的主要渠道和途径[①]，是人才培养的重要环节。为了增强高职技术技能人才培养效果，可以针对课堂教学中的教学目标、教学方式、教学主体、教学内容、教学条件、教学管理等六个要素采取改革创新措施，推进课堂教学改革：一是确立教学目标，更新人才观和质量观；二是创新教学方式，促进教学风格的多样化；三是充分调动教学主体的主观能动性；四是动态优化教学内容，增进形式与内容之间的相互促进；五是重视管理机制改革，为提升课堂教学质量提供保障；六是改善教学条件，为提升课堂教学质量奠定良好基础。[②]

第二课堂活动可以较好地解决课堂教学受到的时间有限、空间不足等方面的制约，而且有助于拓展学生学习的广度、增加学生学习的深度，因而对职业精神等培养过程复杂、冗长的素质的培养十分有利。为了更好地发挥第二课堂活动的积极作用，在活动前应做好计划，在活动时应处理好与课堂教学活动之间的关系[③]，在活动结束后要及时进行总结与反思。

2.高职技术技能人才培养实践中的融合培养

如前所述，高职技术技能人才培养有课堂教学和第二课堂活动两条主要渠道，进行高职学生职业技能与职业精神融合培养，可以通过这两条渠道同时进行。

（1）课内融合培养

课内融合培养活动是指在公共基础课、专业理论课和实践教学课等课程的教学中，进行职业技能和职业精神的培养。在接受问卷调查的1556名高职学生中，有66.4％的学生对"在贵校思想政治课等公共基础课的教学中，很重视对职业技能和职业精神培养的引导"持肯定态度，有71.1％的学生对"在贵校专业理论课的教学中，很重视对职业精神培养的引导"持肯定

① 苏志武.深化课堂教学改革 提高人才培养质量[J].中国高等教育,2012(17):10.

② 苏志武.深化课堂教学改革 提高人才培养质量[J].中国高等教育,2012(17):12-14.

③ 刘晓荣,杨良煜.利用第二课堂培养高素质创新人才[J].技术与创新管理,2008(5):483-484.

态度,有 71.4% 的学生对"在贵校实践教学课的教学中,很重视对职业精神培养的引导"持肯定态度,这表明大多数接受调查的高职学生都比较支持通过公共基础课、专业理论课和实践教学课等课程的教学进行职业技能与职业精神的融合培养。

公共基础课、专业理论课和实践教学课是三类不同的课程,在其教学中进行职业技能与职业精神的融合培养,情况各不相同。在不同类别课程的教学中进行融合时,需要结合融合培养目标、专业特点和课程特点做出适当的选择。

公共基础课是每个专业的学生都需要学习的课程,可以分为社会科学类(例如《思政概论》)、自然科学类(例如《计算机文化基础》)和实践类(例如《军事训练》)公共基础课三个类别,这些课程是学生基本素质养成的基础,也为后面专业理论课和实践教学课的学习提供基本方法,对学生专业培养目标的实现和就业、转岗、创业等方面能力的形成具有重要意义①。在公共基础课的教学中,既无职业技能培养的内容,也无职业精神培养的内容,但在这一类课程的教学中,可以结合学生专业的特点,穿插职业技能培养和职业精神培养的内容,这可以说是为后面专业理论课和实践教学课的教学打下了专业认识和思想基础。

专业理论课是专业课中以理论讲授为主的课程,包括专业基础课和那些在传统教室讲授的专业课,其设置和主要内容在一定时期内具有相对稳定性,其作用是为学生掌握专业知识和技能打下一定的基础。在专业理论课的教学中,已较多涉及职业技能培养,所以在这一类课程的教学中进行职业技能与职业精神的融合培养,主要是对职业精神培养进行引导。这个时候的职业精神培养不同于公共基础课教学中的职业精神培养,它需要结合专业理论知识讲授和职业技能培养进行,需要与二者产生紧密的结合,对它们的开展产生一定的促进作用。

实践教学课是专业课中以实践训练为主的课程,包括实验课、实习课、实训课、毕业设计课等。在实践教学课的教学中,高职院校"根据不同专业的培养目标,按照工学结合的人才培养模式,以完成一定的工作任务,借助特定的项目训练为主要形式,以鼓励学生主动参与、主动探索、主动思考为基本特征,以掌握相应岗位技能,养成一定的职业态度并以提高职业素养和

---

① 金朝跃.高职教育公共基础课多模块教学的整合与实践[J].中国职业技术教育,2008(28):28.

职业能力为目的"①。可见,在实践教学课的教学中,对职业技能培养和职业精神培养都有明确的要求,所以在这一类课程的教学中进行职业技能与职业精神的融合培养,主要是针对当前实践中对职业精神培养重视不够的情况而加强的对职业精神培养的引导,从而使职业技能培养与职业精神培养都达到应有水平,更好地实现融合培养的目的。

（2）课外融合培养

课外融合培养是指通过举办专业讲座、知识竞赛、技能竞赛、创新创业实践活动、专业社团活动、专业相关社会实践活动和寝室文化活动等第二课堂活动,使学生在课外培养起一定的职业技能和职业精神。在接受问卷调查的1556名高职学生中,有75.3%的学生对"贵校很重视通过专业讲座、知识竞赛、技能竞赛、创新创业实践活动、专业社团活动、专业相关社会实践活动和寝室文化活动等第二课堂活动来培养学生的职业技能与职业精神"持肯定态度,这表明大多数接受调查的高职学生都比较支持通过第二课堂活动来培养学生的职业技能与职业精神。

在第二课堂活动中,有的活动对融合培养的作用偏重于职业技能培养方面,例如专业讲座、知识竞赛、技能竞赛、专业社团活动和专业相关社会实践活动,有的活动对融合培养的作用则偏重于职业精神培养方面,例如创新创业实践活动和寝室文化活动。如果条件允许,最好是结合融合培养目标和课堂教学活动计划对第二课堂活动进行系统设计,让职业技能和职业精神在每一项活动中都能得到一定的培养,即实现"一体化"融合培养。如果条件不允许,可以考虑在现有基础上统筹安排第二课堂活动的所有活动,让职业技能和职业精神在第二课堂活动中都能得到一定的培养,从而实现"结构型"融合培养。

（四）融合培养条件

1.高职学生职业技能与职业精神融合培养条件的应然状态

融合培养条件包括课程、教材、师资和环境,为了实现高职学生职业技能与职业精神融合培养目标,这些条件应达到如下状态:

课程方面,应根据融合培养的需要,对公共基础课、专业理论课和实践教学课等有关课程的内容进行整合。整合时,应以高职学生职业技能与职业精神融合培养目标为依据,也要考虑到高职学生的身心特点,职业技能与

---

①　张晋.高等职业教育实践教学体系构建研究[D].上海:华东师范大学,2008:24.

职业精神培养的基本规律,以及高职院校所具有的师资、理论课教室、校内外实训基地等基本条件;应根据不同专业实际进行规划,不要对所有专业"一刀切",规定什么课必须达到多少学时;应做好不同课程之间的衔接,不能出现脱节、缺位或错位等情况;应选择合适的载体,不能"空对空";应注意公共基础课与所在专业的结合,但也要避免把公共基础课完全覆盖掉;应充分发挥一线教师的作用。

教材方面,应根据融合培养的需要,对公共基础课、专业理论课和实践教学课等课程所使用的教材进行修订。修订时,应以高职学生职业技能与职业精神融合培养目标为依据,也要考虑到高职学生的身心特点,以及高职院校师资条件、教学时间安排等情况;应在职业素养类课程中加入专章讲授职业精神,并在其他所有课程中结合专业特点适当加入职业精神培养的内容;修订应由学校教师和企业人员共同完成,将企业真实案例融入教材中;可以用图文并茂的案例而非单纯理论阐述的形式来展示职业精神培养有关内容;可以根据高职技术技能人才培养目标、专业特点和学校条件,组织开发有利于职业技能和职业精神融合培养的校本教材。

师资方面,应根据融合培养的需要,强化教师融合培养意识,并通过不断的学习与实践,完善融合培养能力,从而实现职业技能培养教师与职业精神培养教师的融合,使教师集职业技能培养能力与职业精神培养能力于一身。目前,在高职技术技能人才培养实践中,尚无"职业技能培养教师"和"职业精神培养教师"这样的概念。但是,不少专业理论课教师和实践教学课教师倾向于职业技能培养,而公共基础课教师则承担着职业精神培养的"担子",他们分别相当于"职业技能培养教师"和"职业精神培养教师"。当然,这样的局面是职业技能培养与职业精神培养的"割裂"造成的。为了更好发挥两类教师在技术技能人才职业技能培养和职业精神培养方面的作用,两类教师可以进行三种"融合":第一种是结构融合,即两类教师组成融合培养教学团队,合作开展相关课程的教学;第二种是教学融合,即让两类教师在教学中,在采取措施实现所在课程"传统"培养目标——职业技能培养/职业精神培养的同时,兼顾补齐所在课程"融合"培养目标——职业精神培养/职业技能培养;第三种是素质融合,即让两类教师都具备较高水平的职业技能与职业精神。第一种"融合"是一种松散式融合,它易于操作但效果不佳,对教师融合培养意识的增强和融合培养能力的提高具有一定的促进作用;第二种"融合"是一种改良式融合,它意欲改变现状又不彻底推翻传统,对教师融合培养意识和融合培养能力有较高的要求;第三种"融合"是一种一体化融合，它是师资融合的应然状态。

环境方面，应根据融合培养的需要，加强校园自然、人文景观建设，充实更新图书资料，并利用网络、广播、报纸、文化宣传栏、教室板报等宣传阵地，同时营造职业技能与职业精神学习氛围。跟职业技能培养与职业精神培养的关系一样，职业技能培养环境与职业精神培养环境也是一种"部分融合"的关系，而且在当前高职技术技能人才培养环境中，职业技能培养环境明显优于职业精神培养环境。要想促进二者的融合，可以在目前重视职业技能培养环境建设的基础上，在加强校园景观建设、图书资料购置、宣传等方面采取各种措施，强化职业精神培养环境的建设。

2.高职技术技能人才培养条件的"融合式"改造

为了实现高职学生职业技能与职业精神融合培养目标，在高职技术技能人才培养实践中，应该对课程、教材、师资和环境等培养条件进行"融合式"改造，也就是要将这些培养条件由现有状态向上述"应然状态"方向进行改造。有接受问卷调查的高职教师表示，进行教材修订"不大现实"（ZW6）。如果这一"改造"工作是在没有学校支持的条件下开展，那确实比较困难。如果这一工作以及对课程、师资和环境等的改造工作得到了学校的支持，这样的担心就没有必要了。在这样的情况下，教师需要做的是在改造时遵循系统性原则、渐进性原则和持续性原则，以取得良好的改造效果，进而实现融合培养目标。所谓系统性原则，是指对融合培养条件的改造要在融合培养目标的指引下系统设计、全面推进，而不应由各个教师根据自己的兴趣、认识和条件零敲碎打；所谓渐进性原则，是指对融合培养条件的改造要结合现有培养条件、专业特点和学生特点等循序渐进地进行，以免改造的"步子"迈得过大，出现支撑条件跟不上或者学生适应不了的情况；所谓持续性原则，是指在融合培养实施过程中，要持续不断地对培养条件进行改造，以使其不断接近应然状态，从而更好实现融合培养目标。

三、高职学生职业技能与职业精神融合培养体系实施中的几个问题

尽管"高职学生职业技能与职业精神融合培养目标"与"高职教育人才培养目标"之间有较多的交叉之处，但二者又不尽相同，在实现后者的时候并不必然会实现前者。因此，在当前职业技能培养在高职技术技能人才培养实践中占据主体地位的情况下，要推动职业技能培养与职业精神培养由"分离"走向"融合"，进而实现培养出同时具有较高水平职业技能与职业精神的高素质技术技能人才的融合培养目标，在高职学生职业技能与职业精神融合培养体系实施中需要注意如下几个问题。

（一）"良心运作"还是"制度保障"

人才培养是个"良心活"。在"高职学生职业技能与职业精神融合培养体系"正式实施之前和实施之初，由于相关制度缺失，教师们靠"良心"来支撑自己，不断探索融合培养规律，努力创造融合培养条件，大力推进融合培养活动，促使高职学生职业技能与职业精神全面发展。但是，"良心"是个人自律的结果，其个体差异性和不稳定性太大，若将数量逾千万的高职学生的职业技能与职业精神融合培养完全寄希望于此，风险实在太大。要想规避这样的风险，需要制订科学的融合培养制度作为保障。虽然高职学生的职业技能与职业精神融合培养活动主要由高职院校组织实施，但是融合培养制度不应由高职院校独自制定，用人单位（主要是企业）、教师和学生等利益相关者也应参与其中，积极发挥各自的作用。制度制订前，要进行充分的调研。制度初稿形成后，要广泛征求各方面的意见，反复研讨。制度付诸实施后，要积极获取反馈意见，并及时进行修订。

（二）"硬性要求"还是"主动行动"

对浙江、江苏、重庆、辽宁、河南等5省市11所高职院校69名高职教师所做的非结构型问卷调查发现，融合培养的重要性得到了部分高职院校的重视，但科学、合理的融合培养体系尚未形成，融合培养活动也没有全面展开。因此，对于大多数高职院校的教师来说，在技术技能人才培养过程中进行职业技能与职业精神融合培养可能还不是学校的"硬性要求"。但是，对于一个全面发展的高素质技术技能人才来说，职业技能和职业精神都是不可或缺的。因此，在"高职学生职业技能与职业精神融合培养体系"正式实施之前，高职院校还没有对融合培养做出"硬性要求"，教师们在公共基础课、专业理论课和实践教学课等课程的教学中以及第二课堂活动的开展中应该"主动行动"，积极对学生进行职业技能培养和职业精神培养方面的引导，让其职业技能和职业精神都能够得到一定的培养。这是因为，尽管融合培养体系可以探索构建、逐步推进，但人才的全面发展不能耽误。在"高职学生职业技能与职业精神融合培养体系"正式实施之后，教师们也应该"主动行动"，尽力推进融合培养，而不应等待学校的"硬性要求"来驱动。

（三）"改革"还是"改良"

当"高职学生职业技能与职业精神融合培养体系"开始实施后，高职院校就会对融合培养做出"硬性要求"。这时候，应该如何对职业技能与职业精神进行融合培养？是将职业精神培养融入职业技能培养，还是将职业技能培养融入职业精神培养，抑或是统筹安排职业技能与职业精神的培养？显然，"统筹安排职业技能与职业精神的培养"是最符合职业技能培养和职业精神培养规律的，培养效果最好，但如果采取这一方式实施融合培养，规模庞大的高职教育就需要对现有的技术技能人才培养活动进行颠覆性改革，付出的代价将会很大。这既可能对高职学生职业技能与职业精神融合培养体系的进一步推进形成阻力，也可能对高职技术技能人才培养质量造成不利影响。另外两种方式都属于对高职技术技能人才培养活动的"改良"，尽管二者的培养效果从理论上来讲没有区别，但实际上"将职业精神培养融入职业技能培养"应该更为合适。因为在当前的高职技术技能人才培养实践中，职业技能培养体系的成熟度远远高于职业精神培养体系的成熟度，采取"将职业精神培养融入职业技能培养"的方式来实施融合培养，无论是从培养成本、实施难易程度还是从学生接受程度角度考虑，都优于采取"将职业技能培养融入职业精神培养"的方式来实施融合培养。当然，随着融合培养条件的完善和企业等用人单位对技术技能人才综合职业素质要求的提高，作为过渡措施的"改良"式融合培养——"将职业精神培养融入职业技能培养"最终还是要让位于"改革"式融合培养——"统筹安排职业技能与职业精神的培养"。

第二节　高职学生职业技能与职业精神融合培养的机制探索

"机制"一词在《辞海》中有三种释义：一是用机器制造的，如机制纸；二是有机体的构造、功能和相互关系，如生理机制；三是一个工作系统的组织或部分之间相互作用的过程和方式，如竞争机制、市场机制。[①]　显然，高职学生职业技能与职业精神融合培养机制中的"机制"应取第三种释义。也就是说，高职学生职业技能与职业精神融合培养机制是指在高职技术技能人才培养过程中，用人单位、高职院校、教师、学生等主体以及社会因素之间相互作用的过程和方式。结合对高职学生职业技能与职业精神融合培养体系各要素的分析，个案研究结果，以及德国、日本和瑞士三个国家职业技能与职业精神融合培养的经验，笔者对高职学生职业技能与职业精神融合培养机

---

① 夏征农，陈至立.辞海：第六版彩图本[Z].上海：上海辞书出版社，1999：1000.

制进行了探索。

一、高职学生职业技能与职业精神融合培养机制相关主体职能分析

高职学生职业技能与职业精神融合培养机制涉及用人单位、高职院校、教师、学生和社会因素等,正确认识它们的职能和作用,有利于阐释高职学生职业技能与职业精神融合培养机制。

(一)用人单位的职能

用人单位是社会生产与服务活动的组织者,是高职技术技能人才的使用者和检验者,是高职技术技能人才培养的合作者。它们通过人才招聘活动和与高职院校的交流活动,将社会生产与服务活动对技术技能人才的最新素质要求以及对高职院校培养出来的技术技能人才素质的看法传递给高职院校、教师与学生,并通过校企合作这一途径,在高职学生职业技能与职业精神融合培养中的培养目标确定、培养条件完善、培养活动开展等方面发挥重要作用。

(二)高职院校的职能

高职院校是高职学生职业技能与职业精神融合培养活动的组织者,是高素质技术技能人才的提供者。它根据对用人单位的需求调研、学生特点与需求调研的结果,结合自身条件制订或修订人才培养方案,明确职业技能与职业精神融合培养目标。它充分利用学校、企业等用人单位、学生以及社会有关资源,整合公共基础课、专业理论课和实践教学课等课程有关内容,修订公共基础课、专业理论课和实践教学课等课程所使用的教材,培养具有较强融合培养意识与融合培养能力的教师,组织开展公共基础课、专业理论课和实践教学课等课程的教学以及第二课堂活动,营造具有较强职业技能培养氛围和职业精神培养氛围的校园环境。高校通过这些工作,促进学生职业技能与职业精神的融合培养,为用人单位提供高素质的技术技能人才。

(三)教师的职能

教师是高职学生职业技能与职业精神融合培养活动的具体实施者。他们积极参与对公共基础课、专业理论课和实践教学课等课程有关内容的整合,并对这些课程所使用的教材进行修订;他们积极参与具有较强职业技能培养氛围和职业精神培养氛围的校园环境的营造,并努力增强自身的融合培养意识、提高自身融合培养能力,从而不断完善融合培养条件。在公共基础课、专业理论课和实践教学课的教学中,他们积极地引导学生学习职业技

能和职业精神。在专业讲座、知识竞赛、技能竞赛、创新创业实践活动、专业社团活动、专业相关社会实践活动和寝室文化活动等第二课堂活动的开展中，他们积极地指导学生组织好相关活动，并通过这些活动培养、锤炼、完善自己的职业技能与职业精神。在他们的引导下，学生不断成长为具有较高水平职业技能与职业精神的高素质技术技能人才。

（四）学生的职能

学生是高职学生职业技能与职业精神融合培养活动开展和融合培养目标得以实现的基础。一方面，他们自身的特点以及他们对职业技能与职业精神融合培养活动所做出的反馈是高职技术技能人才培养方案制订和修改，公共基础课、专业理论课和实践教学课等课程有关内容的整合，公共基础课、专业理论课和实践教学课等课程所使用教材的修订，教师融合培养意识和融合培养能力培养，职业技能培养和职业精神培养氛围营造，公共基础课、专业理论课和实践教学课的教学，以及第二课堂活动开展的依据。另一方面，他们通过参与公共基础课、专业理论课和实践教学课等课程的教学活动和第二课堂活动，以及感受浓厚的职业技能与职业精神培养氛围，掌握专业理论知识，形成职业技能，养成职业精神。

（五）社会因素的作用

当前，高职教育是地位不大高的一类高等教育。尽管党和政府高度重视其发展，高职教育仍然不大受学习者欢迎，接受高等职业教育、走技能成才之路是一些考试成绩不理想或者家庭经济状况不佳的学生的无奈选择。社会上对高职教育和高职技术技能人才的消极看法，以及高职教育毕业生在升学、就业等方面所受到的区别对待等社会因素影响到高职学生学习职业技能和职业精神的兴趣与信心，影响到企业等用人单位参与高职技术技能人才培养的热情，影响到教师提升自身融合培养意识与融合培养能力的积极性，影响到职业技能与职业精神融合培养氛围的形成。

二、高职学生职业技能与职业精神融合培养机制的构成

高职学生职业技能与职业精神融合培养机制由动力机制、运行机制和保障机制构成，对它们形成正确的认识，有助于推动高职学生职业技能与职业精神融合培养体系的实施。

（一）动力机制

高职学生职业技能与职业精神融合培养的动力机制包括用人单位需求

驱动机制和学生个体需求驱动机制两部分。用人单位需求驱动机制是指用人单位将其所开展的社会生产与服务活动对高职技术技能人才职业技能与职业精神的需求告知高职院校，从而带动整个高职技术技能人才培养实践朝职业技能与职业精神融合培养方向调整，等到技术技能人才培养出来后，用人单位又将人才使用情况告知高职院校，以使其调整培养方案，进一步完善职业技能与职业精神的融合培养。学生个体需求驱动机制是指高职学生根据自己的生计和发展需要，以及用人单位对高职技术技能人才职业技能与职业精神的要求，不断调整学习策略，积极利用各种理论学习和实践机会提高自己的职业技能与职业精神水平。

相关用人单位的发展有赖于高素质的高职技术技能人才，因而它们愿意及时告知高职院校社会生产与服务活动对高职技术技能人才职业技能与职业精神的需求以及技术技能人才使用情况，而作为培养技术技能人才的机构，高职院校愿意也必须积极对待用人单位提供的信息，所以，用人单位需求驱动机制在一般情况下都会顺利运行。如果个体驱动机制运行良好，这两种机制就会合为一体，对高职学生职业技能与职业精神融合培养产生良好的推动作用。反之，如果个体驱动机制运行不畅，用人单位需求驱动机制的运行就会受阻，高职学生职业技能与职业精神融合培养的效果就会受到影响。

（二）运行机制

高职学生职业技能与职业精神融合培养的运行机制是指在高职学生职业技能与职业精神融合培养过程中，高职院校、教师和学生之间的相互作用过程和方式，也就是高职院校与教师之间、高职院校与学生之间以及教师与学生之间的相互作用过程和方式。

1. 高职院校与教师之间的相互作用

在高职学生职业技能与职业精神融合培养过程中，高职院校给教师下达了很多任务，包括开展用人单位需求调研、学生特点与需求调研，制订和修改人才培养方案，确立人才培养目标，整合相关课程内容，修订相关课程所使用的教材，开展相关课程的教学，指导第二课堂活动等，也为教师融合培养意识和融合培养能力的培养提供帮助；教师则认真完成高职院校下达的各项任务，并为其提供相关反馈意见，以帮助其完善人才培养方案、修订人才培养目标、完善融合培养条件。

2. 高职院校与学生之间的相互作用

在高职学生职业技能与职业精神融合培养过程中，高职院校根据用人单位对高职技术技能人才的素质需求以及学生的特点与需求,对学生职业技能与职业精神的融合培养进行科学设计,并提供课程、教材、师资、环境等条件,组织开展课堂教学和第二课堂活动;学生则根据高职院校的要求,认真参与各项学习、实践活动,努力提升自己的职业技能与职业精神水平,并针对融合培养活动中存在的问题给出反馈意见,以帮助高职院校进行修改、完善。

3.教师与学生之间的相互作用

在高职学生职业技能与职业精神融合培养过程中,教师根据人才培养方案,在公共基础课、专业理论课和实践教学课等课程的教学以及第二课堂活动开展中,引导学生培养职业技能与职业精神;学生则根据教师的引导积极学习理论知识,参与实践练习,不断提高自己的职业技能与职业精神水平,并对教师的教学与引导提出反馈意见,以帮助其修改、完善。

(三)保障机制

高职学生职业技能与职业精神融合培养的保障机制是指由用人单位和社会因素形成的大环境,为学生职业技能与职业精神融合培养提供保障的过程与方式。用人单位与高职院校开展合作,协助确立融合培养目标,完善融合培养条件(课程、教材、师资、环境),开展课堂教学和第二课堂活动等融合培养活动,促使高职学生的职业技能和职业精神水平都得到提升。要想用人单位对融合培养的保障作用得以实现,需要做好合作单位的选择,并需要在合作中坚持共赢原则,为合作提供制度保障以及具有主动为合作单位服务的意识①。

社会因素对融合培养的作用,目前来看不够积极,但如果调整得好,技术技能人才的社会地位和收入水平会大大提高,会形成认同职业教育的良好社会氛围,选择走技能成才道路、努力提高职业技能和职业精神水平就会成为学生的"主动要求"而不是"被动选择",到那时,社会因素对融合培养所起的就是促进作用,社会因素就成了学生职业技能培养与职业精神培养目标实现的保障。用人单位对高职技术技能人才的要求与评价会影响社会对高职技术技能人才的态度,而社会对高职技术技能人才的态度会影响用人单位参与高职技术技能人才融合培养的积极性,进而影响到融合培养目标

---

① 何应林.高职院校技能人才有效培养研究[M].西安:西安电子科技大学出版社,2016:112-114.

的实现和高职技术技能人才培养质量的提高。在高职院校的主动推动下，用人单位和社会因素之间的相互作用朝着积极的方向发展，为高职学生职业技能与职业精神融合培养提供重要的保障。

三、高职学生职业技能与职业精神融合培养机制的优化对策

（一）强化融合培养的动力机制

强化融合培养的动力机制，可以从两个方面着手：一是对用人单位需求进行调查与跟踪，二是对高职学生需求的特点与变化给予持续关注。做好这两个方面的工作，准确把握用人单位对高职技术技能人才的素质需求和高职学生的生计与发展需求，可以为高职学生职业技能与职业精神的融合培养提供持续的动力。

1. 对用人单位需求进行调查与跟踪

用人单位对高职技术技能人才的素质需求是高职院校技术技能人才培养目标确定的依据，是高职院校技术技能人才培养活动开展的基础。因此，高职院校必须重视对用人单位需求进行调查。随着科学技术和经济社会的发展，用人单位对高职技术技能人才的素质需求是会发生变化的，所以，高职院校对用人单位需求的调查不可能一劳永逸，而应该持续跟踪。高职院校可以在校企合作中对此项工作做出安排，或者在学校教务处等相关部门安排专人负责此项工作。

2. 对高职学生需求的特点与变化给予持续关注

高职学生的需求包括生计需要和发展需求，生计需要集中体现为就业需要，而发展需要有两种，一种是升学需要，另一种是掌握一些对他们"今后想做的事情"有用的知识和技能。[①] 高职学生需求的特点对高职学生职业技能与职业精神融合培养条件的完善和融合培养活动的开展会产生一定影响，可能会影响到融合培养目标的实现。因此，对高职学生需求的特点与变化必须给予持续的关注。不然，就可能会出现接受调查的高职院校教师所说的"学生以应付为主"的情况，这会阻碍用人单位需求驱动机制的运行，进而使融合培养的效果大打折扣。这一项工作可以由高职院校学生处主要负责实施，教务处、教育督导处等部门给予适当配合。

---

① 何应林.高职院校技能人才有效培养研究[M].西安:西安电子科技大学出版社，2016:52-53.

（二）健全融合培养的运行机制

在高职学生职业技能与职业精神融合培养活动的运行中，高职院校、教师和学生之间相互作用。为了促使这样的互动一直处于良性状态，从而使融合培养一直能够顺利运行，需要健全融合培养的运行机制。

1. 加强对教师和学生的指导与帮助

教师是高职学生职业技能与职业精神融合培养活动的主要执行者，他们既要落实高职院校下达的各种任务，引导学生提升自己的职业技能与职业精神水平，也要增强自己的融合培养意识，提高自己的融合培养能力，使自己能够胜任前面提到的工作。因此，高职学生职业技能与职业精神融合培养实施过程对他们来说是一个学习与实践的过程，在此过程中，为了保证融合培养顺利运行，高职院校的指导与帮助必不可少，这些指导与帮助既有针对融合培养任务完成的，也有针对教师个人融合培养意识和融合培养能力培养的。

学生是高职学生职业技能与职业精神融合培养的对象，他们对待融合培养的态度直接关系到融合培养能否顺利运行，关系到融合培养目标能否实现。在我国，有不少高考成绩不理想或者家庭经济状况不佳的学生选择接受高职教育。这些学生进入高职院校后，表现出的可能不仅仅是考试成绩和经济状况方面的问题，还有认知能力、心理状况等方面的问题。而且，在生源紧缩的背景下，一些高职院校没有太多的选择空间，不得不接收有各种问题的学生。对于这样的学生，要想保证融合培养的顺利运行，保证融合培养目标的顺利实现，高职院校和教师必须为他们提供大量的指导与帮助，包括心理辅导、思想引导、经济扶助、学业指导、就业指导等。

2. 重视教师和学生提出的反馈意见

如前所述，在高职学生职业技能与职业精神融合培养活动的运行中，教师会就融合培养任务的完成与融合培养师资的培养向高职院校提供反馈意见，以帮助其完善人才培养方案、修订人才培养目标、完善融合培养条件；学生也会就教师的教学与引导提出反馈意见，以帮助其修改、完善。教师和学生提出的反馈意见，对于增进对融合培养的认识、完善融合培养条件、促进融合培养顺利运行都是极为重要的，必须予以重视。应采取必要的措施，让教师和学生愿意提出反馈意见，也要使他们的反馈意见能够得到回应，并切实解决可能存在的问题，以助力融合培养活动的进行。

（三）完善融合培养的保障机制

认同职业教育、尊崇技术技能人才的良好社会氛围可以为高职学生职业技能与职业精神融合培养提供心理环境，校企深度融合可以为高职学生职业技能与职业精神融合培养目标明确、条件完善和活动开展提供多种资源，可以从这两个方面来完善融合培养的保障机制，促进融合培养目标的实现。

1.营造认同职业教育、尊崇技术技能人才的良好社会氛围

如何营造认同职业教育、尊崇技术技能人才的良好社会氛围？具体的方法有很多，笔者认为关键是要做好以下两点：第一，加强对民众的教育与宣传。要通过各种教育形式，让民众知道，教育类型并无优劣之分，适合自己的才是最好的；要让民众认识真正的职业教育是什么，它有什么价值，什么样的人适合接受这一类型的教育。由于我国已经形成了鄙薄职业教育的传统，所以除了要通过各种教育形式增进人们对职业教育的认识外，还需要加强宣传，让尽可能多的民众认识职业教育的"本来面目"。第二，取消对职业教育的各种"不公平待遇"。例如，取消高考招生中将高职院校放在普通高校后面录取的做法，让不同类型高校一起开始招生，让考生根据自己的特点、兴趣与成绩自行选择；取消对专科层次高职毕业生的升学制约，让他们在错过普通高校之后还有重新选择的机会；为专科层次高职毕业生设立学位，让他们不会为只有毕业证而黯然伤神；取消在人才招聘和工作待遇方面对接受职业教育的学生的歧视；等等。鲁迅先生说，"其实地上本没有路，走的人多了，也便成了路"。仿此，我们可以说，其实世间本没有对职业教育的歧视，各种误解和不公平做法多了，也就形成了歧视。为了营造认同职业教育、尊崇技术技能人才的良好社会氛围，我们应该反其道而行之，增进理解，消除不公平做法。一旦社会上形成了认同职业教育、尊崇技术技能人才的良好氛围，它就可以与高职院校校园内浓厚的职业技能学习氛围与职业精神学习氛围一起，为高职学生职业技能与职业精神融合培养提供良好环境保障。

2.构建校企长效合作机制，促进产教深度融合

在用人单位中，企业是高职技术技能人才的主要使用者，也是高职技术技能人才培养的重要主体之一，构建校企长效合作机制，促进产教深度融合，可以为高职学生职业技能与职业精神融合培养活动的开展和目标的实现提供重要保障。如何构建校企长效合作机制，促进产教深度融合？笔者认为,可以采取以下措施:第一,唤醒企业参与技术技能人才培养的"社会责任"。通过将企业参与校企合作情况纳入企业社会责任报告等措施,让企业清楚意识到参与校企合作培养技术技能人才是其应尽的责任,无偿使用高职院校培养出来的技术技能人才是一种逃避责任的表现,也将是一种不复存在的情况。第二,让企业参与校企合作有"付出"也有"回报"。参与校企合作并不意味着企业一味地"付出",作为合作方的高职院校应该尽力为企业提供技术技能服务,政府也应该"对深度参与校企合作、行为规范、成效显著、具有较大影响力的企业,按照国家有关规定予以表彰和相应政策支持"①。

---

① 教育部等六部门.教育部等六部门关于印发《职业学校校企合作促进办法》的通知[Z].教职成〔2018〕1号,2018-02-12.

结束语

　　国家经济社会发展对高职技术技能人才素质的新要求和高职学生个体的全面发展都需要对高职学生进行职业技能与职业精神的融合培养。本研究突破以往职业技能培养和职业精神培养彼此割裂的传统，以及"头痛医头，脚痛医脚"的做法，从"融合"视角考虑职业技能与职业精神的培养问题，运用文献研究法、调查研究法和个案研究法三种方法，对德国、日本和瑞士三个国家职业技能与职业精神融合培养的经验进行了梳理，对浙江、广东、重庆、辽宁、河南等5省市9所不同类别高职院校中，与信息、环保、健康、旅游、时尚、金融、高端装备制造、文化创意等8个产业对应的电子商务、绿色食品生产与检验、护理、旅游管理、服装与服饰设计、金融管理、模具设计与制造、动漫设计等8个高职专业的1556名学生进行了综合型问卷调查，对浙江、江苏、重庆、辽宁、河南等5省市的11所高职院校的69名教师进行了非结构型问卷调查，并对一所公办高职学院学生职业技能与职业精神融合培养的情况进行了个案分析。在此基础上，构建了高职学生职业技能与职业精神融合培养体系，并对高职学生职业技能与职业精神融合培养的机制进行探索。

　　在本研究范围内可得出如下结论：

　　一是当前高职学生职业技能与职业精神融合培养已具有一定基础，部分高职院校已经意识到融合培养的重要性并采取了一些融合培养措施，部分接受调查的高职院校教师对融合培养具有一定的认识，接受调查的大多数学生对融合培养有一定的认识并对其持支持态度；但是，当前高职学生职业技能与职业精神融合培养也存在"学校对融合培养的重视程度不够高、认识不够充分""融合培养缺乏相应的制度和操作规范,融合培养措施没有形成体系"以及"融合培养活动开展所需要的课程、教材、师资、环境等条件有待完善"等问题。

二是高职学生职业技能与职业精神融合培养体系由融合培养理念、融合培养目标、融合培养活动、融合培养条件等四个要素构成。融合培养理念包含目标融合、课程融合、教材融合、师资融合、环境融合、课内融合和课外融合等7个"融合"。融合培养目标是指培养高职学生具有较高水平的职业技能和职业精神,可以根据专业理论课考试成绩、操作技能考试成绩、顶岗实习成绩(或毕业设计成绩)、职业资格证书获取情况、技能竞赛获奖情况等综合评定职业技能水平,可以根据职业精神类课程(或职业素养类课程)考试成绩、专业理论课和实践教学课教学过程中学生的表现、第二课堂活动中学生的表现与取得的成绩等来综合评定职业精神水平。融合培养活动包括课内融合培养活动和课外融合培养活动两种,课内融合培养是指在公共基础课、专业理论课和实践教学课等课程的教学中进行职业技能和职业精神的培养,课外融合培养是指通过举办专业讲座、知识竞赛、技能竞赛、创新创业实践活动、专业社团活动、专业相关社会实践活动和寝室文化活动等第二课堂活动,使学生在课外培养起一定的职业技能和职业精神。融合培养条件包括课程、教材、师资和环境,为了实现融合培养目标,在高职技术技能人才培养实践中,应遵循系统性、渐进性和持续性等原则对这四个条件进行"融合式"改造。

三是高职学生职业技能与职业精神融合培养机制由动力机制、运行机制和保障机制构成。动力机制包括用人单位需求驱动机制和学生个体需求驱动机制两部分。运行机制是指在高职学生职业技能与职业精神融合培养过程中,高职院校与教师之间、高职院校与学生之间以及教师与学生之间的相互作用过程和方式。保障机制是指由用人单位和社会因素形成的大环境,为学生职业技能与职业精神融合培养提供保障的过程与方式。

为了解决传统高职技术技能人才培养模式存在的问题,使培养出来的技术技能人才具有较高水平的职业技能与职业精神,从而更好地满足新形势下国家经济社会发展对技术技能人才的素质要求和改变人们对高职学生群体和高职教育的看法,笔者基于上述结论,并借鉴国外职业技能与职业精神融合培养的经验,对高职技术技能人才职业技能与职业精神的融合培养提出以下四点建议:

一是建设有利于职业技能与职业精神融合培养的社会环境。高职学生职业技能与职业精神的融合培养需要有一个良好的社会环境。在这样的环境里,接受职业教育、走技能成才之路不但不丢脸,反而是人们根据自己的特点选择的一条合适的、有前途的发展路径;不存在针对职业教育的不公平现象,即使偶尔出现,那也是个别现象。在这样的环境里,学生努力提高自己的职业技能与职业精神水平,可以既满足自己的生计需要也满足自己的发展需要。这样的社会环境就是认同职业教育、尊崇技术技能人才的社会环境。这样的社会环境的建设需要政府的顶层设计与系统安排,高职院校也可以发挥自己的力量——通过培养具有较高水平职业技能与职业精神的学生,改变人们对高职学生群体和高职教育的看法。

二是在重视职业技能培养的同时,强化、细化对职业精神的培养。毋庸置疑,职业精神培养从来就没有完全离开过高职技术技能人才培养,只不过,在以往的实践中,对职业技能培养的重视程度远远高于对职业精神培养的重视程度。我们提倡高职学生职业技能与职业精神融合培养,决不能矫枉过正,从重视职业技能培养的"一端"转向重视职业精神培养的"另一端",而应该在重视职业技能培养的同时,强化、细化对职业精神的培养。在高职技术技能人才培养实践中,如何强化、细化对职业精神的培养?笔者认为,高职院校可以在人才培养目标中明确职业精神的培养,然后制订出一系列配套措施来落实职业精神培养目标,并严格加以考核。这包括以下三层意思:

在人才培养目标中明确职业精神的培养。这涉及高职技术技能人才培养目标的修订问题。初次修订应该进行"大修",由"专业组"(包括专业负责人在内的全体专业教师)按照一定的程序进行:专业指导委员会提出人才培养目标修订要求—"专业组"将修订申请报给二级学院教学副院长审批—"专业组"进行人才需求企业调研,并根据调研结果对人才培养目标进行修改—专业指导委员会审核修改稿(若审核未通过,返回"专业组"进行修改)—"专业组"将专业指导委员会审核通过的修改稿报二级学院教学副院长审批(若审核未通过,返回"专业组"进行修改)—"专业组"将通过二级学院教学副院长审批的修改稿报教务处审批定稿。其修订依据是行业技术发展动态和人才需求企业调研结果,修订内容为专业培养方案中人才培养目标中职业精神培养部分内容。后续的修订一般为"小修",由专业教师自主进行,修订依据是专业技术的发展变化和企业需求的变化,修订内容是教学内容和方法。[①]

制订一系列配套措施落实职业精神培养目标。加强职业精神培养的措施有很多,例如:设置职业精神类课程,并将其放在与职业技能类课程同样重要的位置;在公共基础课、专业理论课和实践教学课等课程的教学中加强对职业精神培养的引导;在第二课堂活动开展中加强对职业精神培养的引导;在校园里营造重视职业精神培养的浓厚氛围;等等。高职院校可以根据职业精神培养规律、自身条件和学生特点,选取一部分措施来落实职业精神培养目标。

对职业精神培养措施落实情况进行严格考核。在以往的高职技术技能人才培养实践中,职业精神培养效果之所以不好,除了高职院校对其重视不够之外,未对相关培养活动进行严格考核也有重要影响。当然,职业精神具有较强的抽象性,要想对其进行量化考核,需要制定出具有较强可操作性的措施。由前所述,可以从职业精神类课程(或职业素养类课程)考试成绩、专业理论课和实践教学课教学过程中学生的表现、第二课堂活动中学生的表现与取得的成绩等几个方面来设置标准,综合评定学生职业精神培养水平,从而判断职业精神培养措施落实情况。

三是统筹课内、课外两种融合培养活动,充分利用各方力量,不断推进职业技能与职业精神的融合培养。高职学生职业技能与职业精神融合培养可以通过课堂教学(第一课堂)和第二课堂两条渠道实施。这两条渠道,包括这两条渠道中的每一门课、每一项活动,在职业技能培养和职业精神培养方面都具有不同的特点与作用,要想增强融合培养的效果,并最终实现融合培养目标,高职院校需要对课内融合培养活动(第一课堂活动)和课外融合培养活动(第二课堂活动)进行统筹安排:在公共基础课的教学中,结合学生的专业特点,穿插职业技能培养和职业精神培养的内容;在专业理论课的教学中,结合专业理论知识讲授和职业技能培养,对职业精神培养进行引导;在实践教学课的教学中,针对当前实践中对职业精神培养重视不够的情况,加强对职业精神培养的引导。在第二课堂活动中,如果条件不允许,可以在现有基础上统筹安排第二课堂活动的所有活动,让职业技能和职业精神在第二课堂活动中都能得到一定的培养,从而实现"结构型"融合培养;如果条件允许,结合融合培养目标和课堂教学活动计划对第二课堂活动进行系统

---

① 何应林.高职院校技能人才有效培养研究[M].西安:西安电子科技大学出版社,2016:87.

设计,让职业技能和职业精神在每一项活动中都能得到一定的培养,即实现"一体化"融合培养。

在统筹课内、课外两种融合培养活动对高职学生职业技能与职业精神进行融合培养的过程中,对用人单位、高职院校、教师、学生、社会因素等各方要有清楚的认识,要弄清楚他们各自的特点、作用、需求,以及他们相互之间的作用方式,遵循他们的规律,充分利用他们的力量,不断推进职业技能与职业精神的融合培养。

四是不断完善课程、教材、师资、环境等融合培养条件,逐步推进职业技能与职业精神的融合培养。在课程、教材、师资和环境四个融合培养条件中,融合培养环境和融合培养师资的完善相对而言是比较容易实施的。融合培养环境方面,高职院校可以在目前重视职业技能培养环境建设的基础上,在加强校园景观建设、图书资料购置、宣传等方面采取措施强化职业精神培养环境建设,从而使校园里形成浓厚的职业技能与职业精神学习氛围。融合培养师资方面,高职院校可以通过实施教学融合,即让主要承担职业精神培养任务的公共基础课教师与倾向于职业技能培养的专业理论课教师、实践教学课教师加强交流与合作,在教学中采取措施来实现所在课程"传统"培养目标——职业精神培养/职业技能培养的同时,兼顾补齐所在课程"融合"培养目标——职业技能培养/职业精神培养,从而逐渐提高教师的融合培养意识和融合培养能力。

融合培养课程和融合培养教材两个条件的完善实施起来难度要大一些。如果要按照融合培养目标对现有公共基础课、专业理论课和实践教学课等课程的相关内容进行整合,对这些课程所使用的教材进行修订,就需要对现有课程和教材结构进行较大的调整,这会受到政策、经费、人员和时间等因素的影响,实施的进度和效果具有较大的不确定性。当然,也可以不做这样的"大修",而是进行"小修",即对现有公共基础课、专业理论课和实践教学课等课程的相关内容进行充实与调整,对这些课程所使用教材中的内容进行取舍并适当增加部分补充材料,以实现在每一门课程中培养学生职业技能与职业精神的目的。显然,"大修"有利于课内融合培养的实施和融合培养目标的实现,"小修"有利于缓解教师们的畏难情绪,从而启动融合培养活动。

参考文献

一、中文文献

（一）著作类

[1]崔景贵.职业教育心理学导论[M].北京:科学出版社,2008.

[2]邓猛,颜廷睿.融合教育理论反思与本土化探索[M].北京:北京大学出版社,2014.

[3]邓猛.融合教育理论指南[M].北京:北京大学出版社,2017.

[4]福奇.工匠精神:缔造伟大传奇的重要力量[M].陈劲,译.杭州:浙江人民出版社,2014.

[5]何应林.高职院校技能人才有效培养研究[M].西安:西安电子科技大学出版社,2016.

[6]何应林.职业院校技能人才培养要素研究[M].成都:西南交通大学出版社,2017.

[7]和学新,徐文斌.教育研究方法[M].北京:北京师范大学出版社,2015.

[8]黄兆信,万荣根.农民工随迁子女融合教育研究[M].北京:中国社会科学出版社,2014.

[9]纪芝信.职业技术教育学[M].福州:福建教育出版社,1995.

[10]姜大源.当代德国职业教育主流教学思想研究[M].北京:清华大学出版社,2007.

[11]姜大源.当代世界职业教育发展趋势研究[M].北京:电子工业出

版社,2012.

[12]克劳福德.摩托车修理店的未来工作哲学[M].粟之敦,译.杭州:浙江人民出版社,2014.

[13]克雷斯威尔.研究设计与写作指导:定性、定量与混合研究的路径[M].崔延强,译.重庆:重庆大学出版社,2007.

[14]雷江华.融合教育导论[M].北京:北京大学出版社,2012.

[15]刘春生,徐长发.职业教育学[M].北京:教育科学出版社,2002.

[16]刘洪一,李建求,徐平利,等.中国高等职业教育改革与发展研究:以深圳职业技术学院为例[M].北京:高等教育出版社,2008.

[17]马树超,郭扬,等.中国高等职业教育:历史的抉择[M].北京:高等教育出版社,2009.

[18]马歇尔,塔克.教育与国家财富:思考与生存[M].顾建新,赵友华,译.北京:教育科学出版社,2003.

[19]秋山利辉.匠人精神Ⅱ:追求极致的日式工作法[M].陈晓丽,译.北京:中信出版社,2017.

[20]瑞恩博德,富勒,蒙罗.情境中的工作场所学习[M].匡瑛,译.北京:外语教学与研究出版社,2011.

[21]桑内特.匠人[M].李继宏,译.上海:上海译文出版社,2015.

[22]上海市教育科学研究院,麦可思研究院.2017中国高等职业教育质量年度报告[M].北京:高等教育出版社,2017.

[23]邵瑞珍.教育心理学:修订本[M].上海:上海教育出版社,1997.

[24]石伟平.比较职业技术教育[M].上海:华东师范大学出版社,2001.

[25]王国华,刘合群.职业教育心理学[M].广州:广东高等教育出版社,2004.

[26]王星.技能形成的社会建构[M].北京:社会科学文献出版社,2014.

[27]王岳平.中国产业结构调整和转型升级研究[M].合肥:安徽人民出版社,2013.

[28]吴道槐,王晓君.国外高技能人才战略[M].北京:党建读物出版社,2014.

[29]吴淑美.融合教育理论与实务[M].新北:心理出版社,2016.

[30]杨进,赵志群,刘杰,等.职业教育与中国制造业发展研究[M].北

京:高等教育出版社,2009.

[31]翟海魂.发达国家职业技术教育历史演进[M].上海:上海教育出版社,2008.

[32]张红霞.教育科学研究方法[M].北京:教育科学出版社,2009.

[33]张健.高等职业教育整合论[M].北京:教育科学出版社,2015.

[34]张毅.全球产业结构调整与国际分工变化[M].北京:人民出版社,2012.

[35]中国人民大学哲学系逻辑教研室.逻辑学[M].北京:中国人民大学出版社,1996.

[36]庄西真.学做技术工人:从职业技术学校到工厂过渡的实证研究[M].北京:外语教学与研究出版社,2010.

（二）学位论文类

[1]陈利.瑞士学徒制职业教育模式研究[D].重庆:西南大学,2007.

[2]郭丽莹.农民工随迁子女融合教育校本课程开发研究[D].温州:温州大学,2012.

[3]何应林.机械类高技能人才操作技能形成影响因素研究[D].天津:天津工程师范学院,2006.

[4]李宜学."融合教育"融什么? 合什么? ——融合班教师的教学信念与心理调适之研究[D].台南:台南大学,2006.

[5]马宇.我国残疾人高等融合教育支持体系研究[D].南京:南京师范大学,2014.

[6]唐林伟.职业教育知识生产研究:基于布迪厄实践理论的分析[D].上海:华东师范大学,2010.

[7]王宝君.高职院校学生职业技能培养研究[D].南京:南京师范大学,2010.

[8]张衡.集体行动与秩序生成:高职学制政策变迁的政策网络分析[D].上海:华东师范大学,2013.

[9]张晋.高等职业教育实践教学体系构建研究[D].上海:华东师范大学,2008.

（三）期刊论文类

[1]艾红梅.高职院校职业技能与职业精神教育相融合的实践途径:以财经类专业为例[J].吉林省经济管理干部学院学报,2016(3):59-61.

[2]陈建学,陈和武.小议学校主题教研活动的开展[J].地理教育,2017(S1):92-93.

[3]陈佑清.反思学习:涵义、功能与过程[J].教育学术月刊,2010(5):5-9.

[4]陈正.德国迎来双元制职业教育的"春天"[J].世界教育信息,2017(11):75.

[5]邓德艾,范毅强.工匠精神培育与高职创新发展研究:以德国和日本转型期的发展特征为借鉴[J].南方职业教育学刊,2017(5):8-12.

[6]邓涛,陈婧."德国制造"职业精神之历史文化溯源[J].西北工业大学学报(社会科学版),2017(2):31-34.

[7]丁柏铨.媒介融合:概念、动因及利弊[J].南京社会科学,2011(11):92-99.

[8]丁常文,蒋龙余.浅论高职学生社团活动与学生职业素养的培养[J].职业教育研究,2009(4):24-25.

[9]董奇.职校学生最需锤炼职业精神[J].教育与职业,2011(4):84.

[10]付蕾.营销与策划专业职业技能和职业精神融合培养的研究[J].广州职业教育论坛,2015(5):62-64.

[11]工业和信息化部规划司.我国制造业发展进入新的阶段[J].中国中小企业,2015(6):20-21.

[12]郭晓君.人的全面发展理论初探[J].中国人民大学学报,1997(2):28-33.

[13]郭一盟.论高职院校学生职业精神的培养[J].华北水利水电大学学报(社会科学版),2016(5):121-124.

[14]韩红梅.高职院校学生职业精神培育体系构建初探[J].黑龙江畜牧兽医,2017(4):247-249.

[15]何春华,杨敏.职业精神纳入高职专业课程考核的探讨[J].山东工业技术,2013(10):1.

[16]何春华.高职学生职业精神养成分析[J].顺德职业技术学院学报,2012(1):37-40.

[17]何桂美.论职业技能培养与职业道德教育的整合[J].理论月刊,2011(10):183-185.

[18]何玉龙.高职院校职业技能课程设置优化的探索[J].教育发展研究,2007(4):59-61.

[19]何中华.可持续发展面临的几个难题[J].天津社会科学,2000(1):4-11.

[20]胡飒.论马克思关于人的全面发展理论的基本内涵[J].湖南科技大学学报(社会科学版),2011(1):27-30.

[21]黄燕.日本高职生职业精神养成研究及其启示[J].湖北广播电视大学学报,2012(9):20-21.

[22]黄志成.全纳教育展望:对全纳教育发展近10年的若干思考[J].全球教育展望,2003(5):29-33.

[23]黄志纯.瑞士高等职业教育的特色、经验与启示[J].江苏高教,2010(2):147-148.

[24]贾海瀛.职业技能与职业精神融合视阈下的人才培养方案研究与实践[J].职教论坛,2015(36):72-75.

[25]姜大源.技术与技能辨[J].高等工程教育研究,2016(4):71-82.

[26]蒋晓雷.现代职业精神的培育[J].中国职业技术教育,2009(24):35-37.

[27]金柏芹.抓实训基地建设 促职业技能提高[J].中国高等教育,2003(19):32-33.

[28]金朝跃.高职教育公共基础课多模块教学的整合与实践[J].中国职业技术教育,2008(28):28-29.

[29]匡瑛,范军.职业精神之国内外研究述评[J].职教通讯,2015(31):36-40.

[30]李宏伟,别应龙.工匠精神的历史传承与当代培育[J].自然辩证法研究,2015(8):54-59.

[31]李俊.德国职业教育的想象、现实与启示:再论德国职业教育发展的社会原因[J].外国教育研究,2016(8):14-27.

[32]李俊.德国职业教育哲学简析[J].职教论坛,2018(2):21-27.

[33]李梦卿,任寰.技能型人才"工匠精神"培养:诉求、价值与路径[J].教育发展研究,2016(11):66-71.

[34]李明甫.发达国家高级职业技能开发的制度保证[J].中国职业技术教育,2007(9):10-13.

[35]李淑敏,董会钰,杨俊玲.药品行业高职学生提高职业技能与培养职业精神融合途径研究[J].价值工程,2015(25):172-173.

[36]梁惠茵,杨素娟.现代教师职业精神研究综述[J].职教通讯,2013

(31):75-78.

[37]林山.高职院校学生职业技能的培养路径[J].现代教育管理,2014(7):115-118.

[38]林幸福.回顾与展望:近15年来我国教师职业精神研究述评[J].中国职业技术教育,2016(15):81-86.

[39]刘德恩.日本人的职业精神从哪里来:日本职业学校的考察与启示[J].河南职业技术师范学院学报(职业教育版),2004(3):52-54.

[40]刘敏.如何破解职业素养教育"两张皮"[J].中国高校科技,2018(Z1):84-86.

[41]刘尚明.石化专业职业技能与职业精神培养高度融合的研究[J].广东职业技术教育与研究,2016(2):9-11.

[42]刘淑云,祁占勇.德国职业教育制度的发展历程、基本特征及启示[J].当代职业教育,2017(6):104-109.

[43]刘晓荣,杨良煜.利用第二课堂培养高素质创新人才[J].技术与创新管理,2008(5):483-485.

[44]刘兴波,王广新.桌面虚拟实验促进学生操作技能迁移的验证与分析[J].中国远程教育,2011(11):42-46.

[45]龙鸣.论大学校园文化氛围[J].湖北社会科学,2005(7):154-156.

[46]罗建河,陈梅.似而不同:瑞士、德国职业教育体系中的"学徒期制"比较分析[J].职业技术教育,2015(25):74-78.

[47]吕维勇,裴延涛.德国高职学生职业技能与职业精神的培养:以高职电气类专业学生为例[J].郑州铁路职业技术学院学报,2017(2):39-42.

[48]马云泽,杜超.当前我国现代服务业发展现状、特点与趋势[J].环渤海经济瞭望,2011(12):28-30.

[49]孟娇妍.高职学生职业精神培育探析[J].湖南工业职业技术学院学报,2012(3):15-17.

[50]莫玉婉,贺艳芳.论双轨平行的教育体系与职业能力建设:德国职业教育专家菲利克斯·劳耐尔教授访谈录[J].高校教育管理,2017(4):1-8.

[51]牛文元.可持续发展理论的内涵认知:纪念联合国里约环发大会20周年[J].中国人口·资源与环境,2012(5):9-14.

[52]邱吉.培育职业精神的哲学思考:从职业规范的视角看职业伦理[J].中国人民大学学报,2012(2):75-82.

[53]任晓敏,王建坤.高等教育的世纪课题:理工互动与理工融合[J].

中国大学教学,2000(1):20-22.

[54]阮雁春,蔡春花.面向职业技能发展的 EPSS 开发研究[J].远程教育杂志,2012(3):52-57.

[55]沈勤.论职业技能[J].现代技能开发,1994(3).

[56]苏志武.深化课堂教学改革 提高人才培养质量[J].中国高等教育,2012(17):10-14.

[57]孙红艳.专家技能的特征与形成过程对职业教育的启示[J].职教论坛,2008(12):4-7.

[58]孙建萍,雅梅.提高职业技能和培养职业精神融合途径的探讨[J].职业,2016(3):137-138.

[59]孙晓玲.基于职业素质的高职职业精神内涵论[J].职教论坛,2012(6):62-65.

[60]孙秀玲.高职学生职业精神的内容及培育途径分析[J].职业时空,2012(4):7-8.

[61]汤文仙.技术融合的理论内涵研究[J].科学管理研究,2006(4):31-34.

[62]王国领,吴戈.试论工匠精神在现代中国的构建[J].中州学刊,2016(10):85-88.

[63]王金娟.基于工学结合的高职学生职业精神培养[J].高等职业教育—天津职业大学学报,2010(5):37-39.

[64]王雯,王娇娇.瑞士钟表业"工匠精神"培育分析:兼论对我国现代学徒制的启示[J].职业技术教育,2016(33):75-76.

[65]王晓明,林雪萍.正本清源论工匠精神[J].中国发展观察,2016(12):32-34.

[66]王瑛.瑞士高等职业教育的成功经验及其对我国的启示[J].黑龙江高教研究,2007(5):93-96.

[67]魏启晋.论高职思想政治教育与职业素养教育的融合[J].职业教育研究,2012(7):19-20.

[68]吴向东.论马克思人的全面发展理论[J].马克思主义研究,2005(1):29-37.

[69]夏和先,许玲.构建职业特色校园文化 培养高职学生职业精神[J].卫生职业教育,2011(8):16-18.

[70]夏敬飞.高职职业技能教育需注入"职业精神"[J].漯河职业技术

学院学报,2016(1):4-6.

[71]肖凤翔,马良军.高职院校学生职业技能培训程序及原则[J].高等工程教育研究,2012(3):162-166.

[72]肖群忠,刘永春.工匠精神及其当代价值[J].湖南社会科学,2015(6):6-10.

[73]熊志强.基于职业素养培育视角的高职校园文化建设[J].思想教育研究,2013(8):72-75.

[74]徐春辉.德国"工匠精神"的发展进程、基本特征与原因追溯[J].人大复印资料(职业技术教育),2017(10):16-22.

[75]薛栋.职业精神与中国职业教育人才培养质量提升[J].现代教育管理,2017(5):105-111.

[76]严楠.高职学生职业精神培养中存在的问题及原因分析[J].职业教育研究,2009(7):132-133.

[77]杨佩昌.为何德国也出现了"技工荒"?[J].企业管理,2016(10):29.

[78]姚梅林,邓泽民,王泽荣.职业教育中学习心理规律的应用偏差[J].教育研究,2008(6):59-65.

[79]于志晶.匠人精神及其培育:秋山利辉的《匠人精神——一流人才育成的 30 条法则》评介[J].职业技术教育,2016(12):47-50.

[80]喻学才.工匠精神与国民素质[J].建筑与文化,2016(10):22-26.

[81]郑玉清.现代职业教育的理性选择:职业技能与职业精神的高度融合[J].职教论坛,2015(5):30-33.

[82]周建松,唐林伟.高职教育人才培养目标的历史演变与科学定位[J].中国高教研究,2013(2):94-98.

[83]周维红.浅析美国医学生职业精神教育及其对我国的启示[J].职教通讯,2015(31):45-48.

[84]周谊.德国职业教育:发达的原因、发展的特征和趋势[J].西南师范大学学报(哲学社会科学版),1997(5):110-115.

[85]朱云峰.基于生命历程理论的职业技能与职业精神融合培养模式研究[J].职教通讯,2016(23):7-9.

（四）其他

[1]陈玉玲.职业院校技能竞赛的教育价值[N].光明日报,2013-06-10(7).

［2］倪光辉. 更好支持和帮助职业教育发展　为实现"两个一百年"奋斗目标提供人才保障［N］. 人民日报，2014-06-24(1).

［3］石伟平，付雪凌. 职教师资培养体系须重新系统设计［N］. 中国教育报，2018-04-24(9).

［4］熊火金. 德国人是怎样培养"工匠精神"的［N］. 解放日报，2016-07-15(10).

［5］曾伟. 学日本式管理　最难在"工匠精神"［N］. 东莞日报，2010-10-25(2).

［6］赵琪. 提升年轻人技能成经济增长新动力［N］. 中国社会科学报，2015-06-01(A3).

［7］赵修义. 庖丁解牛、自由劳动与工匠精神［N］. 解放日报，2016-05-17(13).

［8］顾明远. 教育大辞典：第 6 卷［Z］. 上海：上海教育出版社，1992.

［9］国务院. 国务院关于大力发展职业教育的决定［Z］. 国发〔2005〕35号，2005-10-28.

［10］教育部，国家发展和改革委员会. 教育部国家发展改革委关于编报2009 年普通高等教育分学校分专业招生计划的通知［Z］. 教发函〔2009〕87号，2009-03-31.

［11］教育部. 教育部关于以就业为导向深化高等职业教育改革的若干意见［Z］. 教高〔2004〕1 号，2004-04-02.

［12］教育部等六部门. 教育部等六部门关于印发《职业学校校企合作促进办法》的通知［Z］. 教职成〔2018〕1 号，2018-02-12.

［13］教育部等七部门. 关于进一步加强职业教育工作的若干意见［Z］. 教职成〔2004〕12 号，2004-09-14.

［14］劳动保障部. 关于印发三年五十万新技师培养计划的通知［Z］. 劳社部发〔2003〕38 号，2003-12-31.

［15］夏征农，陈至立. 辞海：第六版彩图本［Z］. 上海：上海辞书出版社，1999.

［16］中共中央国务院关于深化教育改革全面推进素质教育的决定［Z］. 中发〔1999〕9 号，1999-06-13.

［17］中共中央组织部，人力资源和社会保障部. 关于印发《高技能人才队伍建设中长期规划(2010－2020 年)》的通知［Z］. 2011-04-29.

［18］中华人民共和国国务院. 国务院关于印发国家职业教育改革实施方案的通知［Z］. 国发〔2019〕4 号，2019-01-24.

[19]中国社会科学院语言研究所词典编辑室.现代汉语词典[Z].7 版.北京:商务印书馆,2016.

[20]个案高职校督导处.学生实践教学职业素质养成调查分析报告[R].2018.

[21]浙江省教育厅高等教育处,等.2017－2018 年浙江省职业院校技能大赛质量分析报告[R].2018.

[22]13 亿人找不出 11 个踢足球的? 姚明一语道出真相[EB/OL].(2016-11-01)[2016-11-03].http://sports.sohu.com/20161101/n472061129.shtml.

[23]公共基础课[EB/OL].(2015-11-27)[2018-11-03].https://baike.Baidu.com/item/％E5％85％AC％E5％85％B1％E5％9F％BA％E7％A1％80％E8％AF％BE/2519417.

二、英文文献

[1]Booth T,Ainscow M. From them to us:an international study of inclusion in education[M]. London:Routledge,1998.

[2]Cruess R L,Cruess S R. Professionalism is a generic term:practicing what we preach [J]. Medical Teacher,2010(9):713-714.

[3]De Beer M,Martensson L. Feedback on students' clinical reasoning skills during fieldwork education[J]. Australian Occupational Therapy Journal,2015,62:255-264.

[4]Hodgson P,Wong D. Developing professional skills in journalism through blogs[J]. Assessment and Evaluation in Higher Education,2011,36(2):197-211.

[5]Janney R,Snell M E. Modifying school work[M]. Baltimore:Paul H. Brookes,2000.

[6]King-Sears M E. Best academic practices for inclusive classrooms [J]. Focus on Exceptional Children,1997,29(7):1-23.

[7]Mayer R E. Educational psychology:a cognitive approach[M]. Boston:Little,Brown & Co.,1987.

[8]Myers B K. Young children and spirituality[M]. New York:Routledge,1997.

[9]OECD social,employment and migration working papers[M]. Paris:

OECD Publishing，2012.

[10]Pring R. The skills revolution[J]. Oxford Review of Education，2004，30(1):105-116.

[11]Wells P，Gerbic P，Kranenburg I ，et al. Professional skills and capabilities of accounting graduates: the New Zealand expectation gap? [J]. Accounting Education: an international journal，2009，18（4-5）:403-420.

[12]Stevenson J. Developing vocational expertise: principles and issues in vocational education[M]. Sydney: Allen & Unwin Academic，2003.

附录一

高职学生职业技能与职业精神融合培养情况调查问卷

（高职学生）

同学，你好！

　　非常感谢你抽出时间接受我们的调查！对高职学生进行职业技能与职业精神融合培养，不仅有利于满足国家经济社会发展对技术技能人才的素质要求，也有助于改变人们对高职学生群体和高职教育的看法。所谓职业技能是指人们顺利完成某项职业活动所需要的智力技能和动作技能的总和，职业精神是指在职业活动中表现出来的热情、严谨、细致、负责、高效的行为与特征，融合培养则是指将职业技能培养和职业精神培养合为一体，按照培养目标长期地教育和训练学生，使学生获得成长。这份问卷是为了了解你对高职学生职业技能与职业精神融合培养的看法以及贵校的相关情况。本问卷不记名，选择无对错之分，调查结果仅用于科学研究，请根据你对相关问题的理解和贵校的实际情况认真填写。衷心感谢你的支持！

课题组

2018 年 4 月

一、基本信息

　　学校名称：＿＿＿＿＿＿＿（请填写具体名称）

就读专业：＿＿＿＿＿＿＿（请填写具体名称）

年级：＿＿＿＿＿　A.大一　B.大二　C.大三　D.大四

性别：＿＿＿＿＿　A.男　B.女

上大学前就读学校类型：＿＿＿＿＿　A.普通高中　B.中职

二、问卷内容（第1～19题请将你想选项目的序号写在题后的括号内，第20题请将答案写在题后的横线上）

1.在高职技术技能人才培养中,职业精神培养没有职业技能培养重要

（　　）

A.不认同　B.不大认同　C.不确定　D.比较认同　E.非常认同

2.在高职技术技能人才培养中,职业技能培养与职业精神培养相互影响　　　　　　　　　　　　　　　　　　　　　　　　　　　　　　（　　）

A.不认同　B.不大认同　C.不确定　D.比较认同　E.非常认同

3.在高职技术技能人才培养中,职业技能与职业精神融合培养很有必要　　　　　　　　　　　　　　　　　　　　　　　　　　　　　　（　　）

A.不认同　B.不大认同　C.不确定　D.比较认同　E.非常认同

4.实现高职学生职业技能与职业精神融合培养目标需要加强校企合作

（　　）

A.不认同　B.不大认同　C.不确定　D.比较认同　E.非常认同

5.在贵校技术技能人才培养中,学校对职业技能的培养不重视　（　　）

A.不认同　B.不大认同　C.不确定　D.比较认同　E.非常认同

6.在贵校技术技能人才培养中,学校对职业精神的培养不重视　（　　）

A.不认同　B.不大认同　C.不确定　D.比较认同　E.非常认同

7.在贵校思想政治课等公共基础课的教学中,很重视对职业技能和职业精神培养的引导　　　　　　　　　　　　　　　　　　　　　　　（　　）

A.不认同　B.不大认同　C.不确定　D.比较认同　E.非常认同

8.在贵校专业理论课的教学中,很重视对职业精神培养的引导　（　　）

A.不认同　B.不大认同　C.不确定　D.比较认同　E.非常认同

9.在贵校实践教学课的教学中,很重视对职业精神培养的引导　（　　）

A.不认同　B.不大认同　C.不确定　D.比较认同　E.非常认同

10.为了促进学生职业技能与职业精神的融合培养,高职院校有必要对公共基础课、专业理论课、实践教学课等课程的有关内容进行整合　（　　）

A.不认同　B.不大认同　C.不确定　D.比较认同　E.非常认同

11. 为了促进学生职业技能与职业精神的融合培养,高职院校有必要对公共基础课、专业理论课、实践教学课等课程所使用的教材进行修订（　　）

　　A. 不认同　　B. 不大认同　　C. 不确定　　D. 比较认同　　E. 非常认同

12. 贵校很重视通过专业讲座、知识竞赛、技能竞赛、创新创业实践活动、专业社团活动、专业相关社会实践活动和寝室文化活动等第二课堂活动来培养学生的职业技能与职业精神　　　　　　　　　　　　　　（　　）

　　A. 不认同　　B. 不大认同　　C. 不确定　　D. 比较认同　　E. 非常认同

13. 在贵校校园里,职业技能学习氛围不浓厚　　　　　　　　（　　）

　　A. 不认同　　B. 不大认同　　C. 不确定　　D. 比较认同　　E. 非常认同

14. 在贵校校园里,职业精神学习氛围不浓厚　　　　　　　　（　　）

　　A. 不认同　　B. 不大认同　　C. 不确定　　D. 比较认同　　E. 非常认同

15. 贵校的任课教师,具有较强的将职业技能与职业精神进行融合培养的意识　　　　　　　　　　　　　　　　　　　　　　　（　　）

　　A. 不认同　　B. 不大认同　　C. 不确定　　D. 比较认同　　E. 非常认同

16. 贵校的任课教师,具有较强的将职业技能与职业精神进行融合培养的能力　　　　　　　　　　　　　　　　　　　　　　　（　　）

　　A. 不认同　　B. 不大认同　　C. 不确定　　D. 比较认同　　E. 非常认同

17. 在高职学生职业技能与职业精神融合培养中,企业可以在培养目标确定、培养条件完善、培养活动开展等方面发挥重要作用　　（　　）

　　A. 不认同　　B. 不大认同　　C. 不确定　　D. 比较认同　　E. 非常认同

18. 激发高职学生的成就动机,有利于促进其职业技能与职业精神的融合培养　　　　　　　　　　　　　　　　　　　　　　　（　　）

　　A. 不认同　　B. 不大认同　　C. 不确定　　D. 比较认同　　E. 非常认同

19. 贵校培养出来的技术技能人才,大多数既具有较高水平的职业技能又具有较强的职业精神　　　　　　　　　　　　　　　（　　）

　　A. 不认同　　B. 不大认同　　C. 不确定　　D. 比较认同　　E. 非常认同

20. 你认为高职院校可以采取哪些措施来促进学生职业技能与职业精神的融合培养?

_____

_____

问卷到此结束。再次感谢你的热情支持!

附录二

高职学生对高职院校促进学生职业技能与
职业精神融合培养可采取措施的建议

序号	建议内容	人次	所占比例/%
A	实施课程综合改革 1.对公共基础课、专业理论课、实践教学课等课程有关内容进行整合 2.对公共基础课、专业理论课、实践教学课等课程教材进行修订 3.减少一些不必要的课 4.合理安排课程时间,使学生课外有充足的时间进行自我学习 5.以提高专业技能和培养职业精神融合为核心,实施课程改革	18	2.1
B	给予政策和资金等支持 1.制定一些规章制度,举办活动引导学习 2.资金支持	4	0.5
C	加强校企合作 1.利用好企业在培养目标确定、培养条件完善、培养活动开展等方面的重要作用 2.校企合作培养职业精神 3.校企深度合作,开展第二课堂活动	114	13.4

续　表

序号	建议内容	人次	所占比例/%
C	4.深化校企合作,以企业文化来促进学生职业精神与职业技能的融合 5.优化校企合作,实施"准员工"式培养,使学生以"准员工"身份投入企业生产与生活中,要求其按照企业规章制度履职,参与企业生产与文化建设,在企业文化的熏陶中提升人文素质,养成良好的职业精神 6.增加校企合作,以大企业精神来影响学生职业精神 7.定期组织学生参观企业,让学生对职业技能与职业精神有明确的认识 8.加强校企合作,给学生多提供一些实践锻炼的机会,争取每位学生都能参与实践体验 9.尽量参观一些企业,聆听企业人员的感想和职业生涯故事 10.增加一些与企业交流沟通的机会 11.校企合作,了解企业文化、职业特色 12.增强与企业之间的合作,增加学生到企业实习的机会,让学生切身感受作为公司职员该有的职业精神与素质 13.加强校企合作,增加实训课程 14.校企合作制定人才培养方案	114	13.4
D	加强思想政治教育	7	0.8
E	多开展第二课堂活动 1.邀请已毕业学生来学校讲座 2.给学生做专题报告,对学生进行专业思想教育 3.多开展与职业精神有关的讲座,倡导学生培养职业精神 4.增加团队协作的训练 5.多邀请一些名校老师来校讲座 6.多搞一些活动,与技能相结合 7.多邀请一些专业人士来校讲座 8.举行校内各系各专业职业技能大赛,设置丰厚奖励 9.建立学生合作团队共同学习职业技能,共同进步 10.多开设一些关于学生职业技能与职业精神的座谈会 11.多开展有关学生职业技能与职业精神相结合的讲座 12.丰富学校的活动,让学生积极参与 13.多组织技能大赛,让同学有更多的机会去锻炼自己 14.多开展技能竞赛交流会 15.多开展丰富的课外实践活动 16.开展一些有关职业技能的讲座 17.举办志愿者服务活动	393	46.3

序号	建议内容	人次	所占比例/%
E	18.多设些讲座,让学生们去听,去学习 19.开设校内职业生涯体验周 20.多开展文化活动 21.以活动的方式将职业技能、职业精神进行融合 22.多举办职业技能大赛,并且在其中多宣传职业精神 23.多开展演讲活动 24.多创建一些机会,让学生可以实践 25.理论与实践相结合 26.多开展一些社会实践活动 27.多举办校内外实践活动 28.理论和实践相结合,实践项目多鼓励学生参加 29.多观看影视作品 30.多开展一些活动提高学生自主学习职业技能的能力 31.开展有关职业精神的论坛 32.组织企业人士与学生的交流大会 33.多开展职业技能展会或者讲座 34.做采访,倾听职业人士(高技能人才、劳动模范、职场成功人士等)对职业技能与职业精神的看法 35.邀请优秀毕业生、企业先进员工、成功职业人士来校做专题报告、讲座 36.多体验企业文化氛围 37.多去实践,去不断地学习一些与自己专业有关的技能 38.增加各分院参加竞赛的机会 39.请企业师傅过来讲职业相关经历	393	46.3
F	加强公共基础课建设 1.重视公共基础课的基础和引领作用 2.在政治课等公共基础课教学中重视对职业技能和职业精神的培养	5	0.6
G	加强专业理论课建设 1.突出专业理论课的针对性和实效性 2.丰富专业课设置	7	0.8
H	加强实践教学课建设 1.强化实践教学课的真实性和有效性 2.在实习实训中培养学生的职业精神 3.在实践中培养职业技能与职业精神 4.亲身实践,老师教导 5.增加实训课程 6.多开展一些校内实践和校外实训	130	15.3

续　表

序号	建议内容	人次	所占比例/%
H	7.多一些实训项目,培养学生各方面的能力与素养 8.增加真实的项目进行练手 9.加强学生实习课的实际操作,提高课上课下整合性 10.多开展实训课程,严格要求学生 11.在教学过程中尽可能地让每个学生都参与真实项目 12.多见习 13.多进行实操实验 14.参加一些真实的项目 15.让同学们多进行一些做公司项目之类的学习 16.多参加企业中的实践 17.实训时老师多提醒 18.多去企业参观,学习职业榜样的做法 19.组建教师工作室 20.定期举行企业参观活动,让学生对企业内职业有一个初步的了解,也能让学生清楚自己的能力还有哪方面的不足,进而能更努力地提升自己 21.优化企业实践教学,在学生实践学习中融合职业技能与职业精神 22.加强实训力度,增加学生实际动手时间 23.参加企业或者学校引进的项目实训,真实地做出项目,真实体验到职业技能与职业精神 24.多组织实训活动,在老师的指导下循序渐进地学习 25.采取教学与实践为一体的教学方式 26.在顶岗实习中培养学生的职业精神 27.去企业观摩一线工人的实际操作 28.在实训课中多融入一些职业精神的内容 29.在实训中穿插职业精神指导 30.在人才培养方案及课程体系中加大实践课程教学比例 31.加强实训基地建设 32.多开展实践,提高学生的动手能力,让学生在实践中学习而不是一味地学习理论知识	130	15.3
I	激发学生的成就动机 1.多培养学生学习的动力与学习的兴趣 2.增强学生学习的自觉性 3.多了解、尊重学生的个人意愿 4.可以用一些学生比较感兴趣的方式或者用一些东西来引导他们去提高职业技能与职业精神的融合培养 5.增加一些职业技能的活动来激励学生学习的积极性	21	2.5

序号	建议内容	人次	所占比例/%
I	6. 激励学生自主学习,并使之成为习惯 7. 多举办活动,提高学生的学习积极性,提高学生对职业技能的热情 8. 请榜样做示范 9. 培养学生兴趣 10. 根据学生爱好发挥所长 11. 让学生对职业产生兴趣 12. 经常宣传职业精神,确保职业技能与职业精神深入人心,激发学生的斗志 13. 设立奖励机制,提升学生积极性	21	2.5
J	营造职业技能与职业精神培养氛围 1. 以广播的形式形成浓厚的学习职业精神的氛围 2. 营造渗透企业文化的校园文化氛围 3. 学校加大职业精神的宣传力度 4. 进行职业技能宣传与体验 5. 学校多开展与职业相关的活动 6. 多开展职业技能与职业精神展示宣传活动 7. 组织职业体验活动 8. 营造校企文化融合的特色校园文化 9. 多宣传职业技能培养与职业精神培养相关知识 10. 形成职业技能和职业精神教育融合的办学理念 11. 通过微信公众号和学校网站进行相关宣传 12. 借助校园文化载体,在校园文化建设中融合职业技能和职业精神 13. 开展职业艺术节活动 14. 校园里贴相关标语 15. 展示学生相关成果 16. 拍相关宣传视频 17. 制作相关海报进行宣传 18. 加强职业精神宣传	36	4.2
K	重视对职业精神的培养 1. 在学习职业技能的同时要更多地培养职业精神 2. 发放与职业精神有关的书籍 3. 将职业精神课程放在更受重视的位置 4. 多开展与职业精神有关的活动,让学生直观地感受到职业精神的作用 5. 宣传工匠精神,开展相关课程 6. 实践课与理论课中重视对职业精神的培养 7. 加强对职业精神重要性的宣传	70	8.2

续　表

序号	建议内容	人次	所占比例/%
K	8.大力开展职业精神培养相关活动 9.在加大职业技能培养力度的同时,促进职业精神的培养 10.开设与职业精神相关的课程 11.通过开展专业实践活动,培养职业精神 12.加强对职业精神的引导 13.将职业精神融入职业技能中培养 14.多进行一些职业精神相关的演讲 15.组织学生观看一些视频如《大国工匠》之类的 16.可以通过一些讲座来提高职业精神 17.在课堂上可以多融入职业精神的内容 18.多让学生去企业中实践,感受职业精神,培养职业精神 19.让老师在传授知识的同时也将职业精神一同传授,更注重职业精神的指导 20.培养学生工作的责任心 21.加强职业精神的教学和引导,在传授知识的同时,将知识与精神融合在一起传授 22.多加宣传、培养学生的职业精神 23.让学生多看一些职业精神的教育片 24.多讲职业精神重要性的案例 25.提高职业精神要多读书	70	8.2
L	培养教师的融合培养意识 1.教师应有融合培养意识,有计划地教 2.让教师重视职业精神	5	0.6
M	培养教师的融合培养能力 1.培养学生,塑其心,树其德,言传身教 2.正面引导和侧面要求同时进行 3.老师多引导学生对职业精神与职业技能进行融合学习 4.指导老师对学生的专业思想认识应做更加深入的指导 5.加强对职业技能和职业精神融合培养的教育,并解释其内在关系 6.老师在讲课中穿插职业技能和职业精神的内容 7.培养专门的教师团队 8.教师要熟悉企业的各项准则 9.教师要真正地言传身教 10.可以用一些引导的方法,引导学生了解职业技能与职业精神的重要性 11.在教学中应该更重视对职业技能与职业精神培养的引导,多让学生体会实践	20	2.4

序号	建议内容	人次	所占比例/%
M	12.在专业课程教学中融合职业技能和职业精神 13.多增加与专业相关的案例来教学,讲述一些实际案例	20	2.4
N	加强交流 1.多与身边的人交流学习上的问题 2.举办所学专业的交流会 3.多一些师生互动 4.常开小型交流会,在会中提出自己的问题、见解,大家讨论分析 5.多进行沟通,加强同学之间的了解 6.学生组织小组学习,相互切磋职业技能,增强职业技能,弘扬职业精神 7.与他校举办交流会 8.多设置专业活动与其他学校交流经验	15	1.8
O	构建人才培养体系 1.构建以课程改革为主、以人才培养方案为支撑、以评价方法和校园文化氛围为保障的提高职业技能和培养职业精神融合的培养体系 2.建立适合职业技能与职业精神二者共同发展的课程体系,培养专门的教师团队	4	0.5

附录三

高职学生职业技能与职业精神融合培养情况调查问卷
（高职教师）

尊敬的老师，您好！

　　非常感谢您抽出时间接受我们的调查！对高职学生进行职业技能与职业精神融合培养，不仅有利于满足国家经济社会发展对技术技能人才的素质要求，也有助于改变人们对高职学生群体和高职教育的看法。所谓职业技能是指人们顺利完成某项职业活动所需要的智力技能和动作技能的总和，职业精神是指在职业活动中表现出来的热情、严谨、细致、负责、高效的行为与特征，融合培养则是指将职业技能培养和职业精神培养合为一体，按照培养目标长期地教育和训练学生，使学生获得成长。这份问卷是为了了解您对高职学生职业技能与职业精神融合培养的看法以及贵校的相关情况。回答无对错之分，调查结果仅用于科学研究，请根据您对相关问题的理解和贵校的实际情况认真填写。衷心感谢您的支持！

课题组

2018 年 4 月

一、基本信息

姓名：_____　　性别：_____　　任教专业：_____

任课类别：_____（可多选）　A.公共基础课　B.专业理论课　C.实践教学课

职称：_____　　A.正高　B.副高　C.中级　D.初级　E.其他

教龄：_____　　A.0～5年　B.6～10年　C.11～15年　D.16～20年
E.21年及以上

移动电话：_____　　QQ、微信或E-mail：_____

二、问题(填答说明：请根据您的实际想法和贵校实际情况填写，答案直接写在题后空白处，字数不限；请对每一题的每一个问题做出回答，不要漏答。)

1.在高职技术技能人才培养中，导致职业技能培养与职业精神培养分离的原因是什么？

2.如果将融合培养的目标定位于"培养高职学生具有较高水平的职业技能，同时具有较强的职业精神"，您是否认同？如果"否"，您认为融合培养的目标是什么？如果"是"，您认为应该根据什么来判断高职学生的职业技能水平和职业精神水平？

3.为了促进学生职业技能与职业精神的融合培养，高职院校是否有必要对公共基础课、专业理论课、实践教学课等课程的有关内容进行整合？如果"是"，您认为在整合时应该注意哪些问题？

4. 为了促进学生职业技能与职业精神的融合培养,高职院校是否有必要对公共基础课、专业理论课、实践教学课等课程所使用的教材进行修订? 如果"是",您认为在修订时应该注意哪些问题?

5. 为了促进学生职业技能与职业精神的融合培养,高职院校可以采取哪些措施来增强教师的融合培养意识? 又应该如何培养教师的融合培养能力?

6. 为了促进学生职业技能与职业精神的融合培养,高职院校可以从哪些方面着手来营造职业技能与职业精神培养氛围?

7. 在公共基础课、专业理论课、实践教学课等课程的教学中,可以采取哪些措施来促进学生职业技能与职业精神的融合培养?

8. 在您看来,专业讲座、知识竞赛、技能竞赛、创新创业实践活动、专业社团活动、专业相关社会实践活动和寝室文化活动等第二课堂活动,可以对学生职业技能与职业精神的融合培养起到怎样的促进作用? 为了促进学生职业技能与职业精神的融合培养,在这些活动的开展中需要注意哪些问题?

9. 在高职技术技能人才培养中,为了实现职业技能与职业精神的融合培养,高职院校和企业可以在哪些方面开展合作?

10. 贵校是否已经意识到职业技能与职业精神融合培养的重要性? 如果"是",请问贵校采取了哪些措施来促进职业技能与职业精神的融合培养? 贵校学生职业技能与职业精神的融合培养存在什么问题?

问卷到此结束。感谢您的大力支持!

附录四

《高职学生职业技能与职业精神融合培养情况调查问卷（高职教师）》答案汇总[①]

1. 在高职技术技能人才培养中,导致职业技能培养与职业精神培养分离的原因是什么?

ZD4:导致分离的原因是导向有问题,比如说各个学校都非常重视的国家级技能竞赛,竞赛中考查的主要是职业技能,忽视对职业精神的考查。指挥棒有缺陷,下面的教学只能跟着指挥棒才能出成绩。

ZD6:只注重对学生职业技能的培养,忽视对学生职业精神的培养,使得学生职业精神培养成为一种形式。

ZD8:没有合理平衡这两者之间的关系,重职业技能培养而轻职业精神培养。

ZW7:教师认为职业技能培养才是自己的分内之事,更注重职业技能的培养;教师实际工作经验少,对职业精神的理解更多在理论层面。

ZW10:高职院校教师自身职业素养水平不高。

ZW11:学生注重职业技能培养,对职业精神培养的重视程度则差很多。

WD1:社会因素,在一个较多人追求功利和宣扬利己主义的社会,职业精神培养不容易被接受;学校因素,学校行政色彩日益浓厚(特别是教育行政主管部门对

[①] 汇总时,对答非所问的答案未予考虑;在尊重答案原意的前提下,对文字做了必要的提炼与润色处理。

学校的管理和所谓的指导），一线教学人员自主性日益降低；教师因素，一线教师将
大量时间和精力花在完成各种行政事务（包括班主任工作）方面，担心很多可能的
惩罚和追责，更倾向于讲课，而不是"教课"，难以实现技能培养与精神培养的统一；
学生因素，相当多对学习并不感兴趣的同学被强制学习职业技能已属不易，还奢谈
精神？

WD2：重视职业技能培养而轻视职业精神培养。

WD5：现有的人才培养体系中，课程设置和评价体系主要是针对职业技能的，
鲜有针对职业精神的。

WD6：高职院校教学考核未将职业精神纳入考核，使得大多数高职院校对学生
职业精神的培养存在"想起来重要、说起来想要、做起来次要、忙起来不要"的状况，
只重视可量化、可目测、可考核、可展示的操作技能。

WD8：重视职业技能培养而轻视职业精神培养。

WD12：过分强调职业技能重要性。

WD14：一是在实训环境中，强调动手操作（如各种机器和电脑软件操作），而不
注重职场环境的营造；二是在课程设计中，没有突出职业精神这种软能力的嵌入；
三是在教学过程中，不太注重职业精神训练，或者训练方式单一，缺乏载体，没有入
脑入心；四是教师对不同岗位的职业精神认识不够、阅历不够；五是校园文化忽视
了职业精神的塑造（包括校园标志、建筑标志）。

WD15：出于急功近利等原因，人才培养体系中课程设置重视提高技能的专业
课程，而提高职业精神的素质课程未引起重视。德育教师自身的职业技能与职业
精神教育能力欠缺。

WD16：在职业环境中，职业精神不大受重视，职教过程中也容易被忽略；职业
精神具有抽象性的特征，是职业教育环节中的盲点和难点，大部分教师传授的更多
是职业技能，它更好把控，更快见效。

WD19：以就业为导向，注重职业技能的掌握而忽视职业精神的培养。

WD20：唯就业论成败，注重职业技能的掌握而忽视职业精神的培养。

WD24：一是老师不专业。我们的老师首先不是科班出身，都是半路出家，
跨专业讲专业课，试问如何能培养学生。二是领导不专业。主管领导不是科班
出身，对专业不了解，不懂。三是学生对本专业无兴趣，也不想从事本专业相关
工作。

WD25：重视职业技能培养，对职业精神培养重视不够。

WD26：学校在相关制度和教学计划上保证了学生职业技能培养的顺利实施，
但在对学生职业精神培养上则缺乏相关制度要求和课程设计；教师较为注重对学
生职业知识技能的培养而忽视了对学生职业精神的传授和塑造；学生以就业为导
向，在校期间较为注重对职业知识技能本身的学习。

WD29：在对高职技术技能人才培养过程中，片面注重职业技能的培养，而忽视了对人才职业精神的培养。

WD30：只开设技能方面的课程，从来没有职业精神培养相关的课程。

WD31：不够重视，在授课过程中结合得不好。

WD32：功利主义；学习领域的快餐文化。

WD33：在人才培养方案及课程体系中，单纯加大实践教学比例而忽视了职业精神的培养。

WD36：培养学生职业精神相比培养学生技能难度更大，短时间内无法见到成效。

WD37：培养学生职业精神相比培养学生技能难度更大，短时间内无法见到成效，大多数教师不重视学生的职业精神培养。

WW1：在实际操作中老师们更多地会注重职业技能的培养，而忽略职业精神的培养。

WW2：办学方针和人才培养目标出现偏差。

WW5：（1）认识淡薄。现实中不太重视对职业精神的培养，会有各种教学竞赛、技能竞赛等强调技能培养。很少有讲座、演讲等促进精神培养的活动。（2）教师自身。教师自身具备较好的技能，但并没有较强的职业精神培养意识。教学中更多关注的是技能培养，对精神培养的引导较少。

WW8：没有实质性的双师，也没有认真地进行职业技能训练。

WW9：一是理论教学与实践教学脱节；二是校企合作育人"流于形式"；三是高职院校通识教育缺失；四是教师的企业实践经历缺乏。

WW10：注重对学生职业技能的培养，在一定程度上忽视了对学生职业精神的培养。

2.（1）如果将融合培养的目标定位于"培养高职学生具有较高水平的职业技能，同时具有较强的职业精神"，您是否认同？如果"否"，您认为融合培养的目标是什么？

ZD1：是。

ZD2：是。

ZD3：是。

ZD4：是。

ZD5：是。

ZD6：是。

ZD7：是。

ZD8：是。

ZD9：是。

ZW1：是。

ZW2：否。

ZW3：否。

ZW4：不确定。

ZW5：是。

ZW6：是。

ZW7：是。

ZW8：否。目标应该是技能。

ZW9：是。

ZW10：是。

ZW11：是。

WD1：否。高职院校应该主要把职业技能培养好,职业精神可以由学习者自己领悟。职业精神培养更多地受社会和家庭影响,不宜把学校的作用捧得太高。

WD2：是。

WD3：是。

WD4：是。

WD5：是。

WD6：是。

WD7：是。

WD8：是。

WD9：是。

WD10：否。

WD11：是。

WD12：是。

WD13：是。

WD14：是。

WD15：是。

WD16：是。

WD17：是。

WD18：是。

WD19：是。

WD20：是。

WD21：是。

WD22：是。

WD23：是。

WD24：是。

WD25：是。

WD26：是。

WD27：是。

WD28：是。

WD29：是。

WD30：是。

WD31：是。

WD32：是。

WD33：是。

WD34：是。

WD35：是。

WD36：是。

WD37：是。

WD38：是。

WW1：是。

WW2：是。

WW3：是。

WW4：否。个人认为当前职业教育定为"高素质技术技能人才"培养目标似乎已经涵盖了职业技能和职业精神。考虑到当前我国高职教育现状，在具体的培养过程中，职业精神的塑造很难在学校完成，更多地可能需要工作后在具体职场氛围中塑造。对于融合培养，我认为在当前三年制高职教育中，更像是高职教育的一种美好愿望。

WW5：否。

WW6：否。

WW7：否。当前职业教育定为"高素质技术技能人才"培养目标已经包含了这两方面，只是在培养过程中学校更加注重了理论知识与技术技能的培养，当然有些院校也把职业道德课程安排到了教育之中。

WW8：是。

WW9：是。职业技能和职业精神的教育本来就是一体的，密不可分的。但目前我国高职教育现状，在具体的培养过程中，由于教师行业实践经验不足，理论教学与实践教学脱节等，实现"培养高职学生具有较高水平的职业技能，同时具有较强的职业精神"的培养目标还有很多问题要解决。

WW10：否。

WW11：否。

2.(2)(如果您认同将融合培养的目标定位于"培养高职学生具有较高水平的职业技能,同时具有较强的职业精神")您认为应该根据什么来判断高职学生的职业技能水平和职业精神水平?

ZD2:职业技能水平应该通过综合性的实训项目的测试来进行,建议放在最后一个学期测试。职业精神水平可以通过三年的职业素养分来进行判断。旅游管理专业的职业素养分是衡量学生每门课程表现特别是职业道德方面表现的一个方式。

ZD7:根据成绩和日常的表现。

ZD8:根据学科成绩和日常行为表现。

ZD9:根据大一到大三期间技能操作的实际情况,综合多位老师的评判。

ZW1:职业精神的水平难以把握,我个人认为是从对人对事的态度、对职业的认可度以及良好的职业习惯养成等方面体现出来的。

ZW6:职业技能水平相对容易评判,根据各个行业的核心技能,通过理论和技能的考核来评定。

ZW10:根据毕业设计作品去判断职业技能水平。

WD2:建立职业精神水平考核体系,进行长期的定期、不定期的跟踪考核。

WD4:根据职业资格证书获取情况、理论考试成绩和实践成果综合评定职业技能水平,根据学习过程中的行为表现、实践成果和理论考试情况综合评定职业精神水平。

WD14:可以用第三方职业素养评价来考查学生职业技能和职业精神水平。

WD16:通过长期的、过程性的考查衡量职业精神水平。

WD17:职业技能水平可以根据行业竞赛取得的成绩来判断。

WD25:根据职业标准认定职业技能水平,将安全生产意识、质量意识、责任意识、职业行为习惯等作为重要评价内容纳入课程成绩评定中,认定职业精神水平。

WD29:职业技能水平可以通过相关资格证书的获取情况、职业技能大赛成绩等来判断,职业精神水平可以通过学生实习阶段实习单位的反馈来判断。

WD37:根据学生综合技能实训成绩判断。

3.为了促进学生职业技能与职业精神的融合培养,高职院校是否有必要对公共基础课、专业理论课、实践教学课等课程的有关内容进行整合? 如果"是",您认为在整合时应该注意哪些问题?

ZD1:是。

ZD2:否。

ZD3:否。

ZD4:是。应注意具体问题具体分析,按专业实际情况来,不要一刀切,不要规定必须什么课达到多少学时。

ZD5:是。公共基础课要融入职业精神内容。

ZD6:否。

ZD7:是。结合实际。

ZD8:是。应该结合实际,不要一味灌输书本知识,纸上谈兵。

ZD9:(否)。职业精神主要在实践教学中去培养。

ZW1:是。公共基础课应从人的素养塑造上做文章,不能靠说教来改性,只能从理性辨析上去培养所谓的道德、情操和爱国,至于艺术修养、人文修养是靠社会、家庭和个体兴趣三者共同培育的。个人认为不是内容整合的问题,而是教师的角色定位问题,如何能全程责任到人! 教育和教学合二为一才是真正融合。就目前的状况,光靠课程整合无法改变现实。

ZW2:是。整合时要注意重职业精神,重实践。

ZW3:是。

ZW4:是。完善考核体系。

ZW5:是。需要注意的是整合过程中与目标的一致性,要达到效果。

ZW6:是。公共基础课应该根据具体专业的具体行业有所区别。一方面使公共基础课更有实效,另一方面也使公共基础课的授课内容符合学生现实需要,更加具体生动。整合时可以通过具体专业的老师来开展公共基础课教学,或者由公共基础课老师和专业老师共同开发特色的课程。

ZW7:(否)。对于公共基础课和专业理论课没有必要进行调整,实际教学提高教师本身的专业素养,应注意实训教学中职业精神培养目标。

ZW8:否。

ZW9:是。

ZW10:是。

ZW11:是。应该注重针对性。

WD1:是。课程之间要衔接好,不重复。

WD2:是。关键在教师或者师傅的选择,没有职业精神的师傅,再怎么做也无法做到职业技能与职业精神的融合。

WD3:是。将职业精神的培育渗透在理论和实践的教学过程中,把学生职业精神的行为表现(纪律观念、学习态度、文明礼仪、遵守公德、责任心、诚实守信、团结协作等)纳入课程成绩评定中。

WD4:是。

WD5:是。

WD6:是。整合时,加强专业课与文化艺术类课程的融合,在每个环节融入职业精神元素的培育。另外,加强教师之间,特别是不同部门间教师的沟通与协作。

WD7:是。

WD8:是。

WD9:是。

WD10:是。需注意对课程目标、内容、评价等方面进行改革调整。

WD11:是。

WD12:是。

WD13:是。尽可能设置有利于职业精神养成的课程。

WD14:是。公共基础课可以培养通用的职业能力和职业精神,为专门的岗位职业能力和职业精神培养做铺垫。整合中,一是要注重衔接,不能脱节、缺位或错位;二是加强贯通,不能挑肥拣瘦地执行,而是始终如一地强调;三是要有载体,不能空对空,而是借助一整套活动载体、学习载体的实际实施;四是强调个性和差异,要在大同的基础上存异,要考虑到不同专业、不同岗位、不同个体的差别,允许差异化发展。

WD15:是。

WD16:是。

WD17:是。

WD18:是。

WD19:是。公共基础课可结合专业特性进行。

WD20:不一定,这需要看职业院校的培养定位,以传媒专业为例,大多数毕业生本专业就业率并不高,如果把这些课程进行整合,会使知识面变窄,使学生的选择范围变窄。

WD21:是。

WD22:是。

WD23:否。

WD24:是。公共基础课对应专业理论再对应职业需要。

WD25:否。

WD26:是。避免专业理论课和实践教学课整合时出现教学内容重复或缺乏的情况。

WD27:是。

WD28:是。应注意怎么来考核。

WD29:是。应注意怎么来考核。

WD30:是。整合时应该加强一线教师的作用。

WD31:是。避免把公共基础课完全覆盖掉。

WD32:否。如果不重整的话,可以增加公共课对学生人文情怀方面的引导,提高学生精神层次。

WD33：是。

WD34：是。

WD35：是。认真研究公共基础课、专业理论课、实践教学课等课程的特点，制订职业精神培养教学目标。

WD36：是。加大对学生职业精神的培养。

WD37：是。加大对学生职业精神的培养，让学生认识到职业精神的重要性。

WD38：是。

WW1：是。可以在专业课、实践教学课的教学过程中加入职业精神教育，专业教师必须时刻要有这种意识。

WW2：是。在教学中，如果能够合理设计课程体系框架，并对各门课程内容进行合理安排，将职业技能提高和职业精神培育均列为课堂教学的部分目标，课堂完全可以转化为共同服务于职业技能和职业精神的"加油站"。

WW3：是。在实施中，要把职业技能与职业精神的融合培养贯穿到课程开发、实施及评价全过程。

WW4：是。

WW5：是。注意公共基础课和本专业的课相结合，如：使用的案例尽量选取本行业的，学生所熟知的公共人物、事件。

WW6：是。

WW7：否。

WW8：是。

WW9：是。

WW10：是。

WW11：是。

4. 为了促进学生职业技能与职业精神的融合培养，高职院校是否有必要对公共基础课、专业理论课、实践教学课等课程所使用的教材进行修订？如果"是"，您认为在修订时应该注意哪些问题？

ZD1：是。

ZD2：是。修订中应该注意将职业精神与专业知识、技能融合。

ZD3：是。

ZD4：是。

ZD5：是。教材内容要与市场接轨，要有一定的前瞻性。

ZD6：否。

ZD7：是。在符合学生接受能力的同时又要加入些强化的内容。

ZD8：是。

ZD9：否。职业精神的培养关键在于老师的带动与指导，最重要的是老师自身是严谨认真的。

　　ZW1:是。教育和教学合二为一才是真正融合,对教材进行修订起不到多大作用,关键在于教师的角色定位问题,应该全程责任到人。

　　ZW2:是。

　　ZW3:是。

　　ZW4:是。要难度适中。

　　ZW5:是。需要注意与企业需求相联系。

　　ZW6:否。教材修订不大现实,不需要。但是可以在教材基础上,改革课程教学的内容和方法。

　　ZW7:否。

　　ZW8:否。专业课教材修订要根据学生培养方案进行。

　　ZW9:是。教材内容要前沿新颖,教材编写者要具备国际观,要有业内人士而非单纯是院校教师参与编著。

　　ZW10:否。我觉得教材是次要的,都还好,需要改的是培养计划。

　　ZW11:是。应该使教材内容更贴近实际生产的需要。

　　WD1:是。根据培养方案确定授课内容,修订教材。

　　WD2:否。

　　WD3:是。修订应由学校老师和企业人员共同完成,真正将企业实践经验融入教材中。

　　WD4:是。选取典型案例;教师与企业人员共同修订。

　　WD5:是。应明确突出有关职业精神方面的内容。

　　WD6:是。先共同讨论每门课的教学大纲,以教学大纲为准,修订教材。

　　WD7:是。

　　WD8:是。

　　WD9:是。更多地增加职业精神的内容,尤其是图文并茂的案例,而非单纯的理论说教。

　　WD10:是。

　　WD11:是。理论课强化职业精神培养的内容。

　　WD12:否。

　　WD13:是。

　　WD14:是。可以围绕学校的培养定位、专业培养定位,组织开发体现职业技能和职业精神融合的校本教材。

　　WD15:是。

　　WD16:是。多开发一些具有实操意义的电子职业教育素材,让学生真正参与跟进企业项目,培养职业素养和职业精神,避免过多纸上谈兵的教材。

WD17:是。

WD18:是。

WD19:是。

WD20:是。

WD21:是。

WD22:是。

WD23:是。

WD24:是。与专业需求相结合。

WD25:否。

WD26:是。在修订时应在不同课程教材中加入有针对性的职业精神培养内容。

WD27:否。

WD28:是。加入专章讲授职业精神。所有的课程都应该有职业精神培养的内容。

WD29:是。加入专章讲授职业精神,通过引入一些有说服力的实例来引导学生。

WD30:否。

WD31:否。在课程设置时全面考虑就可以了。

WD32:是。

WD33:是。

WD34:是。

WD35:是。把具有专业特色的职业道德、职业意识和职业行为习惯等内容纳入教材之中。

WD36:是。

WD37:是。教材中要突出职业精神的地位。注意守正创新,接受一些与当前相关的东西。

WD38:是。

WW1:是。修订时注意将职业技能与职业精神相关内容进行融合,要紧扣专业人才培养目标,根据课程特点制订课程目标。

WW2:是。要注重将职业精神元素有效渗入专业课教学过程。

WW3:是。教材的修订要以职业技能为本位,职业精神贯穿其中。教材在内容上可适当增加职业精英人才的故事,在结构上体现技能的能力进阶与精神的层级结构。

WW4:是。一是要在修订中考量行业和企业的需要;二是要考量学生知识储备和涵养;三是要在章节中加入素养教育的内容(比如专业文化等)。

WW5：是。有必要在专业理论课教材中体现出精神培养的内容。公共基础课可以部分内容公用，部分内容针对不同的专业。

WW6：是。教材修订中加入素养教育的内容，以企业真实案例教育学生，以丰富的实践经验现身说法，用职业情感、职业精神直接影响学生。

WW7：是。

WW8：是。

WW9：是。

WW10：是。

WW11：是。

5. 为了促进学生职业技能与职业精神的融合培养，高职院校可以采取哪些措施来增强教师的融合培养意识？又应该如何培养教师的融合培养能力？

ZD2：对教师进行职业精神培养教学方法、技巧以及评价等方面的培训。

ZD4：开展讲座，有一定的融合培养意识之后，开展相关的论文比赛，使教师有思考。

ZD5：教师需要积累一线行业工作经历。

ZD7：增加教师对融合培养的认识、理解、思考。

ZW1：教师的教育教学能力是一方面，关键在于教师的理念和自身的榜样能否胜任。

ZW4：多参与社会与行业服务。

ZW6：首先是要让教师明白职业精神和技能培养之间的关系，特别是职业精神对于学风建设、学习效果提升方面的重要作用，鼓励专业教师在专业理论基础教学和职业技能培养过程中动脑子开展职业精神培养。其次要提升专业教师的综合素养，让教师正确认识职业精神的各个维度，有目的地提升培养能力。

ZW7：应注意教师自身职业精神的修养。

ZW9：鼓励教师下企业锻炼，参与专业竞赛和开办个人工作室。

ZW10：学校太专注对教师职业技能的培养，忽略了对教师职业精神的培养，引导培养学生职业精神的任务大多给了辅导员或者行政人员，应该增强这两类教师的培训。

WD1：让一线教师能够做到"术业有专攻"。如：一个教师只专注于一门课或相近的有限几门课，不要有太多非教学类任务；由更愿意做班主任的老师同时做很多班级的班主任（专业于做班主任）。

WD3：加强公共基础课与专业课教师之间的交流，取长补短，提倡他们一起深入企业调研、锻炼，一起提供社会服务等，促进教师全面了解专业和行业。

WD4：鼓励教师做访问工程师和访问学者。

WD5:可以通过加强培训来增强教师的融合培养能力。

WD6:加强教研活动,专业教师共同讨论,一起挖掘融合点。要建立教师轮训制度,完善专业教师定期到企事业单位实践制度,让教师首先感受到职业精神的力量,更好地发现融合点。

WD8:要建立教师轮训制度,让专业教师定期到企事业单位进行实践。同时加强兼职教师队伍建设,聘请企业一线专业技术人员和高技能人才作为学院兼职教师,承担专业课程教学和实践教学任务。

WD9:制订相关政策并进行考核;加强教师之间的交流;轮岗;让教师多参与企业顶岗实践。

WD10:给予专业课教师职业精神课程方面的培训,增加他们与其他教师交流探讨的机会。

WD11:多去培训,多开一些相关的研讨会。

WD13:老教师传、帮、带;进企业锻炼。

WD14:加强双师素质教师的遴选与培养;加强新型融合教师团队建设,鼓励公共基础课教师与专业课教师挂职交流,经常召开研讨对接会,联合编写校本教材等。

WD15:可通过开展教师方面的培训、研讨、教师技能大赛等措施来增强。培养时不能急功近利,主要是引导教师观念的转变。

WD24:通过参加行业专业培训提升教师能力。

WD25:可以通过组织教师参加与专业相关的社会服务、社会调查、参观访问及志愿者等社会实践活动来增强教师的融合培养意识;可以通过聘请企业家进学校讲课的方式培养教师的融合培养能力。

WD26:对教师进行理论和实践培训,帮助教师在思想上对职业技能和职业精神进行融合以更好指导学生实践。

WD28:教师要进入企业进行真实的岗位实践。

WD29:教师要定期走访企业,到企业中实践。

WD31:教研活动真正有序开展,集体备课,集思广益。

WD33:加强专业职业技能与职业精神的研修培训。在专业教学和实训教学中,制定体现促进学生职业技能与职业精神的融合培养的评价机制。

WD36:组织老师开展相关培训。

WD37:在开会时多提、多讲,让老师意识到融合培养意识。组织老师集体学习如何培养学生,增加融合培养能力。

WW1:首先是主管领导要有这方面的意识,再通过召开专题会议或讲座的形式来不断增强教师的融合培养意识。

WW2:增加教师在企业生产工作一线的实践经验,深刻感受学校教学与工作岗位实际需求之间的差距,充分感知各岗位职业活动所需的核心技能和精神要素。可建立完善的高职教师轮训制度。

WW3:要增强教师立德树人的意识,明确每一门课、每一节课对学生职业精神培养的贡献度。

WW5:加强教师自身职业精神的培养。教师要关注本行业的发展和本行业发展所需要的职业精神。在授课过程中,不仅教授职业技能,还要传递职业精神,并可以将职业精神的体现作为考核内容。

WW6:一是加强"双师"型师资队伍建设,加强基础课与专业课教师之间的交流;二是加强兼职教师队伍建设,聘请"德高技强"的企业专家、技术人员作为兼职教师;三是加大校、企专家与教师的交流力度。

WW7:一是制度建设要跟上;二是教师要到生产一线体验工作情景;三是多学习,多实践。

6. 为了促进学生职业技能与职业精神的融合培养,高职院校可以从哪些方面着手来营造职业技能与职业精神培养氛围?

ZD2:环境塑造:包括教室、实训室、寝室;前沿讲座:专家讲座、优秀校友讲座;协会活动:导游大赛、才艺技能节、十佳主持人;技能竞赛:国家和省技能竞赛、创新创业大赛。

ZD4:制作一些宣传视频。

ZD9:宣传、竞赛等。

ZW1:主要是在理念上吧,最好能把教学与教育二张皮合为一张皮,用现代公民社会的基本要求作为职业精神的原始点,同时要有职业平等的社会氛围。

ZW3:高校教师的本职工作应该是:先培养自己,然后培养学生。现在我所看到的高职院校95%以上的教师,自己都没有培养好,何谈培养学生?我认为首先应该转变教师的想法,高职院校也是高校,教师不仅仅只需要上课。

ZW5:宣传等。

ZW6:加大校企合作的力度,让真实的企业氛围影响学生。

ZW8:可以举办技能大赛或技能比武。

ZW9:专家讲座、模拟招聘、技能竞赛、创新创业大赛等。

WD1:着力提高教师幸福感,可能会比校园里更好看的门和墙有效一些。

WD3:建立仿真实训室,张贴安全标语、生产操作流程等,实行与企业接轨的实习实训管理制度等,营造渗透企业文化的校园文化氛围。

WD4:加强校企合作,实现校园文化与企业文化的对接融合。

WD6:举办校园技能展示活动周。

WD7:制定相关的评价标准;树立相关的榜样。

WD8:在校内生产性实训中实行企业化管理;大量开展第二课堂活动,营造包含行业和企业文化的学校和专业文化;将职业文化建设中隐性资源(精神层面的氛围)和显性资源(物质层面的设施)进行有效结合,以提升校内职业文化对职业精神养成的影响力。

WD9:举办技能文化节、职业技能竞赛。

WD10:可开展竞赛等实践活动。

WD14:校园文化、社团活动、技能月活动等。

WD15:可举办相关讲座、沙龙、大赛等活动。

WD21:不定期举办企业文化和企业能手讲座。

WD24:开展专业讲座、大赛、社团、创新设计等活动。

WD26:制度、教学设计、举办线上线下各种活动等。

WD27:技能大赛、专家讲座。

WD31:树立榜样,给学生精神力量,用有时效性的人物进行教育,不能空对空。

WD32:校企合作,竞赛,学生专业协会等。

WD36:建设融入大量职业元素的校园生活环境,设置企业文化长廊,鼓励学生参加相关专业竞赛。

WD37:建设自然、人文与职业融合的校园生活环境,设置企业文化长廊等。鼓励学生参加相关专业竞赛。发挥学生会、社团主阵地作用,将企业文化渗透校园。

WD38:鼓励学生参加相关专业竞赛。发挥学生会、社团主阵地的作用,将企业文化渗透校园。

WW1:可以通过平时的活动来营造职业技能与职业精神培养氛围,如入学教育、始业教育、军训、红五月活动、毕业季等形式。

WW2:要创建自然、人文与职业融合的校园生活环境,设置文化浏览区。

WW4:一是深化产教融合;二是职场氛围的营造;三是专业文化的培育;四是课程体系的构建。

WW5:可以多组织活动。如演讲比赛等。

7. 在公共基础课、专业理论课、实践教学课等课程的教学中,可以采取哪些措施来促进学生职业技能与职业精神的融合培养?

ZD2:在理论授课中,注意案例分析时不仅教授做事的方法与技巧,更要注重职业道德、商业伦理的讲授;在实训课中,融入六常管理(常整理、常整顿、常清扫、常安全、常维护、常修养),注重服务意识、创新意识、营销意识的塑造。

ZD4:改变考核模式。

ZD6:把职业技能和职业精神融入活动中,让学生在活动中学习。

ZD7:提高学生的兴趣。

ZD8:不拘于书本,把一些学生感兴趣的事情与教授知识相结合。

ZD9:理论课可增加一些事例,实践课老师最好引导。

ZW1:职业习惯、职业技能标准的实施。

ZW4:完善的考核体系,坚强的执行力。

ZW6:基础课、理论课可以通过案例教学的方式进行;实践教学可以增加企业实践,在企业氛围中全方位培养。

ZW8:校业合作,到企业中学习。

ZW9:技能竞赛融入课程教学,实际项目融入课程教学。

ZW11:在公共基础课、专业理论课、实践教学课等课程的教学中,应最大限度地让学生参与教学,让他们亲自动手操作,这样可以有更好的体会,也会有更好的收获。

WD3:改革课程考核方法,将纪律情况、学习态度、团队精神等纳入考核范围。

WD5:可以在上述课程的教学中增加专门的有关职业精神培养的教学单元。

WD6:要发挥思想政治教育和就业指导等课程在职业精神培育的主渠道和主阵地作用。要改变当前专业课程的工具性倾向,将职业精神元素融入专业课程中。

WD7:教师知道判断职业精神的大致标准;教师言传身教。

WD8:拓宽专业课平台,同时搭建类型和形式多样的满足学生发展的公共选修课平台,注重在各类课程平台融入职业精神元素;加强专业课与文化艺术类课程的融合,综合考虑知识与技能、过程与方法、情感态度与价值观以确定课程目标,在每个环节融入职业精神元素的培育。

WD9:相关教师之间进行交流。

WD10:设置课堂讨论环节,或模拟职业环境。

WD13:在教学中强调学生的参与度。

WD14:转变教学观念,将职业技能和职业精神视为同等重要;改进教学设计,突出职业精神培养;增加综合性实训环节(既提高职业技能又能培养职业精神);多让学生进企业,加大现代学徒制试点力度。

WD23:结合企业的真实案例进行教学。

WD28:可以在实践教学环节加大职业精神培养力度,对于一些不具备职业精神的学生,要敢于亮红牌,从人才培养方面严守质量关。

WD33:一是根据专业需要确定公共基础课的课程目标,课程目标要体现职业精神要求,思想政治课要增加职业精神相关的教学内容。二是制定具有专业特色的职业精神培养目标,将职业精神内容渗透到全部专业课程标准中,落实到教学环节中。三是让学生在入学教育、军训、实习实训、顶岗实习及社会实践的真实或仿真环境中,感受相关岗位职业精神的重要性。

WD34:制订具有专业特色的职业精神培养目标,将职业精神内容渗透到全部专业课程标准中,落实到教学环节中。

WD36:以企业真实案例教育学生,以教师自身丰富实践经验现身说法。

WD37：把职业精神融于专业教学及考核中，使学生形成良好习惯。以企业真实案例教育学生，以自身丰富实践经验现身说法。

WD38：以企业真实案例教育学生，以教师自身丰富的实践经验现身说法，用教师的职业情感、职业精神直接影响学生。

WW1：可以进行适当的课程改革，可以发挥公共基础课的引领作用。有针对性地开展专业理论课教学；提高实践课的有效性，在实习实训中培养学生的职业精神。

WW3：教学目标校准融合，教学内容针对融合，教学过程贯穿融合，教学评价融入融合。

WW5：理论教学，添加人物传记，将本行业发展的关键人物、关键事件等作为教学内容；实践教学，在操作过程中强调操作规范，强调团队合作，强调工匠精神等职业精神。

8. 在您看来，专业讲座、知识竞赛、技能竞赛、创新创业实践活动、专业社团活动、专业相关社会实践活动和寝室文化活动等第二课堂活动，可以对学生职业技能与职业精神的融合培养起到怎样的促进作用？ 为了促进学生职业技能与职业精神的融合培养，在这些活动的开展中需要注意哪些问题？

ZD2：第二课堂活动对培育职业精神有很重要的作用；要注意在活动评价标准中融入对职业精神的评价。

ZD4：第二课堂活动应注意和专业结合，不是学工办一个部门搞，联合专业一起搞才能真正起到作用。

ZD5：形式与内容需要精选。

ZD6：让学生产生浓厚的兴趣。

ZD9：注意主题。

ZW1：要注意重在职业精神的无形体验，预防活动的形式化。

ZW2：这些活动本质上更多的还是促进职业技能的掌握。

ZW3：上述活动比授课对职业精神的培养更为重要，因为上述活动是以学生为主展开的，学生参与的自主性更高。开展中需要注意：学校少管理，教师少参与。学校负责"远距离"监管，教师负责"远距离"指导，发挥学生自身的能力。

ZW6：要注意形成系统性、持续性，并不断总结，确保活动的有效性，避免流于形式。

ZW7：学生的职业精神不是在课堂里学到的，而是在实践、实训、活动等与专业相关的活动中领悟或点滴积累的。

ZW8：技能竞赛有用，下企业实习实践有用，其他没什么用。

ZW9：注意导师的指导与带领，这能让学生少走弯路，更有利于形成正向积极的作用。

WD1：需要更加发挥学生自组织的功能。如果政策过于功利，也可能会过犹不及。

WD2：在这些活动中，学生的具体行为表现是可以体现出学生的职业精神状态的，作为教师要观察细节，并指出这些细节背后的精神意义。

WD4：能够促进学生对职业技能培养的兴趣，在日常生活中积累一些技能经验。

WD5：需要增加职业精神考察在这些活动中的评价比重。

WD6：各项活动结束后一定要有一个总结与评析。

WD14：要加强设计，既不要没有针对性地面面俱到，也不能只突出某一方面，要抓重点活动、经典活动，要结合当代大学生的特点，开展题材新颖、健康活泼的第二课堂活动，充分体现职业技能和职业精神的融合培养理念。

WD15：主要起到转变思维、提高参与性的作用。要注意的是：重过程、轻结果，不能为了活动而活动，应该以提高真实技能为目标，设计过程中多考虑技能因素。

WD23：活动开展之后要注意总结，促进后续工作完善进行。

WD32：在这些活动的开展中，激发学生的兴趣很重要。

WD33：第二课堂活动要紧紧围绕学生所学专业和开设的专业课程等。

WD34：紧紧围绕学生所学专业开展社会实践活动和参加各类技能大赛。

WD35：第二课堂活动要紧紧围绕学生职业技能与职业精神的融合培养目标。

WW1：开展中注意校企合作，把企业文化、专业技能等渗透进来效果会更好些。

WW4：第二课堂活动的开展必须依托第一课堂，作为第一课堂的辅助，不能本末倒置，更不能为了活动而活动。

WW5：活动的开展要注意与本专业的职业精神相结合，体现专业特色。

9. 在高职技术技能人才培养中，为了实现职业技能与职业精神的融合培养，高职院校和企业可以在哪些方面开展合作？

ZD2：可以开展企业文化进校园等活动，还可以带领学生实地考察参观，感受职业氛围，培育职业精神。

ZD4：开展一些先进事迹报告会，将实践中职业精神较好的企业人员评为典型学习模范，树立学生向模范学习的意识。

ZD9：学生进入企业实习。

ZW1：高职院校和企业可以在职业精神内涵定义与外在表现的评价、职业能力评价等方面开展合作。

ZW6：主要是校外实习的合作，包括基地建设和管理，尤其是实习管理方面要双方形成共识，共建共管，实现管理的精细化。

ZW9：项目化教学，合作开设研发中心，提供实习。

WD4：邀请企业人才作为高职院校的兼职教师；鼓励教师做访问工程师；开展相关的技能大赛、讲座等校园活动；组织学生进行实习、企业调研、社会服务等活动；建立紧密型校企合作实训基地。

WD5：可以通过学生顶岗实习实现职业技能与职业精神的融合培养。

WD6：企业骨干进课堂；专业教师下企业锻炼；完善顶岗实习制度。

WD8：高职院校和企业双方可以在课程体系研发、教材开发、导师培养、实践项目设计、实习实训环节等方面进行合作。

WD14：有条件的可以建校中厂和厂中校，条件不具备的可以建校内生产性实训基地、综合性实训中心。在具体培养中，倡导多种形式的现代学徒制试点。

WD15：可以先制定相关制度协议，长期稳定地开展企业文化宣讲、教师企业人员互换互培、实习实训基地建设、课程与教材合作开发等合作。

WD31：企业专家直接授课，学生长期或短期去企业实习。

WD33：共同制定人才培养方案，共同开发课程教材。

WD36：顶岗实训、专业教材开发。

WW1：可以通过请企业专业人士做讲座、专题报告，校企共同举办文艺晚会、企业奖学金等系列活动来合作。

WW3：可以让企业优秀员工到学校交流研讨、讲座兼课，成立"大师工作室"；也可以让师生到企业参观学习，建立校企合作"教师工作室"。

WW4：从招生到培养到就业的一系列合作。比如，招生规模和招生专业的设置和动态调整；现代学徒制、订单培养等人才培养模式；专业和课程体系的建设，实训基地的建设；职业指导规划，就业信息和资源共享等。

WW5：（1）企业工程师进校园，给学生开展讲座，介绍行业发展、职业需求等。（2）企业工程师进校园，兼职实践类课程，授课过程中工程师的操作示范、职业规范讲解都可以渗透职业精神。（3）安排教师深入企业，感受企业文化、企业精神。（4）安排学生到企业实习，了解职业技能需求和职业精神。

10.（1）贵校是否已经意识到职业技能与职业精神融合培养的重要性？

ZD1：是。

ZD2：是。

ZD3：是。

ZD4：是。

ZD5：（未回答）

ZD6：是。

ZD7：是。

ZD8：是。

ZD9：（未回答）

ZW1:是。

ZW2:是。

ZW3:是。

ZW4:是。

ZW6:是。

ZW7:是。

ZW8:不清楚。

ZW9:是。

ZW10:是。

ZW11:是。

WD1:是。

WD2:是。

WD3:是。

WD4:是。

WD5:是。

WD6:是。

WD7:是。

WD8:是。

WD9:是。

WD10:是。

WD11:否。

WD12:是。

WD13:是。

WD14:是。

WD15:是。

WD16:是。

WD17:不清楚。

WD18:不清楚。

WD19:是。

WD20:是。

WD21:是。

WD22:是。

WD23:是。

WD24:(未回答)。

WD25:是。

WD26:是。

WD27:是。

WD28:是。

WD29:是。

WD30:否。

WD31:是。

WD32:是。

WD33:是。

WD34:是。

WD35:是。

WD36:是。

WD37:是。

WD38:是。

WW1:是。

WW2:是。

WW3:是。

WW4:是。

WW5:是。

WW6:是。

WW7:是。

WW8:是。

WW9:是。

WW10:是。

WW11:是。

10. (2)（如果贵校已意识到职业技能与职业精神融合培养的重要性）贵校采取了哪些措施来促进职业技能与职业精神的融合培养？

ZD2:六常管理（常整理、常整顿、常清扫、常安全、常维护、常修养）、生产性实训、综合服务实训、导师制创新班。

ZD6:"5S"课程算入学分当中。

ZD7:采取技能竞赛，创新创业活动。

ZD8:采取技能竞赛，创新创业活动。

ZW1:将隐性的职业精神外显化，全程落实在学生的生活、学习、工作和文明表现等方面，建立一个系统化的践行体系，纳入学分考核。

ZW3:增加课程，增加学分，学习过程管理等。

ZW9:学校积极探索第二课堂，大力推动技能竞赛与创新创业大赛。

WD1：有各种比赛和丰富的学生活动。

WD2：思政教育融入课堂中，每一位老师在进行技能教学的过程中，以自己的人格魅力影响学生。

WD3：鼓励开发校企合作教材；鼓励校外企业兼职教师授课；校企共同开展技能大赛、专题报告、讲座等活动；建立了仿真实训室，实行与企业接轨的实习实训管理制度等。每学期组织丰富多彩的第二课堂活动，如组织学生参加与专业相关的社会服务、社会调查、参观访问及志愿者等社会实践活动。

WD4：鼓励教师下企业，访问工程师，重视"双师型"队伍的建设；鼓励兼职教师来校任课；建立紧密型校企合作实训基地；通过实训实践周加强学生的实践能力培养。

WD6：我校人文旅游学院曾推行"课前三分钟"活动，要求任课老师课前三分钟进行与课程相关的思想道德教育。

WD8：探索校企合作办学的双主体育人模式，建立了现代学徒制人才培养学院。

WD9：举办和参与技能竞赛；增加实践课程的比例；举办学生文化艺术节；宣传工匠精神；进行相关学术交流活动；教师下企业锻炼。

WD10：开展多种与职业技能培养相结合的学生实践活动；注重课堂改革与创新；注重教师职业技能、职业精神的培训。

WD13：现代学徒制。

WD14：构建了"三财"文化体系，建立了校园识别系统，开发了"三财"校本教材，成立了一批现代学徒制试点班。

WD15：主要措施是通过团委主办的创新创业大赛等活动来促进二者的融合培养。

WD16：学校实施的学工制度，开展的系列职业技能大赛都体现了职业精神和职业技能培养的意愿。

WD19：将每门专业课程融入市场项目进行授课，课程运行就是实际项目的运行，从而在大大小小的项目中养成良好的职业精神。

WD20：由老师牵头组建工作室，在学生课余时间提供相应项目实践。

WD21：校政行企等多方联动。

WD23：根据服务行业特点实行学徒制弹性学期人才培养模式，到企业切实感受"师傅"的职业素质与职业能力水平。

WD25：采取工厂化办学、现代学徒制模式，依托教育集团优势，校企深度合作。

WD26：已开设职业生涯发展和心理健康教育等课程，在一定程度上促进了职业技能与职业精神的融合培养。

WD27：现代学徒制。

WD31：技能大赛，行业专家讲座。

WD32：通过各种团队型大赛、引入真实的项目进课堂、顶岗实习课程等促进职业技能和职业精神的融合培养。

WD33：通过开展校政合作、校企合作、校校联合等措施来促进职业技能与职业精神的融合培养。

WD34：通过开展丰富多彩的第二课堂活动来促进职业技能与职业精神的融合培养。

WD35：通过加强专业建设、师资队伍建设和聘请企业技术骨干等措施来促进职业技能与职业精神的融合培养。

WD36：设置实训课程，实行实习周学习，鼓励专业性社会活动发展。

WD37：建立实习机制，将学生送到企业合作单位实习。设置实训课程，实行实习周学习。鼓励专业性社会活动发展。

WW1：企业专题讲座、企业奖学金、教师下企业锻炼、建立学生实践基地等等。

WW2：我校秉承培养职业技能和职业素质相融合，"培养和谐职业人"的办学理念，通过"三结合"和"三个一"工程（一个切入点：以人文素质教育为切入点；一个平台：以课余素质拓展学分制为平台；一个融合：专业教育和人文素质的融合），培养符合社会需求的"和谐职业人"。

WW3：作为一所专业的旅游院校，学校一直重视职业精神的培养。旅游业是服务性行业，没有高精尖的技术，要的是真诚的服务意识与较强的服务能力。行业性质决定了我们学校高度重视职业精神培养。为此，我校特设"养成教育"课程，每学年每个班级都有一周时间在校园各处问候全校师生、提供帮助，让学生在职业技能的应用中体会职业精神。

WW4：通过开展通识教育培养、专业文化节等活动来培养职业精神，通过现代学徒制试点、订单班培养等模式来增强职业技能培养。

WW5：思政课授课与授课对象的专业相结合。

WW6：通过开展通识教育培养、专业文化节等活动来培养职业精神，通过现代学徒制试点、订单班培养等模式来增强职业技能培养。

WW7：通过开展通识教育培养、专业文化节等活动来培养职业精神，通过现代学徒制试点、订单班培养等模式来增强职业技能培养。

10.（3）贵校学生职业技能与职业精神的融合培养存在什么问题？

ZD2：缺乏系统的制度与操作手册。

ZW1：合力不足，效果不明显。

ZW3：学生以应付为主，没有深层次理解职业精神。

ZW6：职业精神培养缺办法，没体系，零敲碎打的活动比较多，具体效果也较难评估。

ZW9：公共基础课与职业精神挂钩的相对较少。

WD3：企业文化进校园活动开展次数有限。

WD4：企业文化与校园文化缺乏交流，不能很好地将企业文化融入校园。

WD5：认识不够充分，并没有具体的措施来强化职业技能与职业精神的融合培养。

WD6：我校学生职业技能与职业精神的融合培养还没有完全深入，教师认识也不到位。

WD9：职业精神培养的效果还不是很明显。

WD14：凝练不够，深度不够，效果有待检验。

WD15：校企合作有待深入，公共课程与专业课程融合度不高。

WD16：已经有相应对策，对策方向明确，但具体落实的措施还有待进一步磨合。

WD21：资金有限，企业行业配合力度不够。

WD23：校企合作有待进一步深化、细化。

WD25：学校一头热，企业短期没有受益。

WD26：没有细化到针对具体岗位类别的职业技能与职业精神融合培养的课程。

WD31：应该更注重质量。

WD33：学生认识不够深，第二课堂活动开展时间不充分。

WD34：教师引导不够到位。

WD35：教师引导不到位、不充分。

WD36：目前虽然意识到职业精神的重要性，但相比职业技能重视不够。

WD37：目前对职业技能与职业精神之间关系处理不够好，虽然意识到职业精神的重要性，但相比职业技能重视不够。

WW1：在措施上还跟得不是很紧。

WW3：职业技能的培养在教学中更受重视，评价方式较为成熟；而职业精神的教学与评价系统有待开发与加强。

WW4：校企合作的深度不够，企业参与的积极性不高；对学生职业精神的培养缺乏有效的评价标准，难以评估培养的效果。

WW5：各二级学院对本专业的职业技能与职业精神的融合培养做得还不够深入。

WW6：校企合作的深度不够，企业参与的积极性不高；开展的科技与职业精神相融的校园学术活动不足，举办的各种专业教育专题讲座不多，对学生职业精神的培养缺乏有效的评价标准，难以评估培养的效果。

WW7：产教融合不够，教师实践经验不足。

索　引

后　　记

　　今年是我接触技能人才培养问题的第 16 个年头。在这 16 年间,我从硕士研究生开始,到博士后研究结束,主持技能人才培养相关省部级课题 2 个、厅级课题 2 个,完成技能人才培养相关著作 3 本。我的第一本关于技能人才培养的著作名为《高职院校技能人才有效培养研究》,是在我博士学位论文的基础上修改而成的,已于 2016 年 1 月在西安电子科技大学出版社出版;我的第二本关于技能人才培养的著作名为《职业院校技能人才培养要素研究》,是以技能人才培养要素为线索,将我博士研究生毕业前发表的部分论文整合而成的,已于 2017 年 10 月在西南交通大学出版社出版;本书是我的第三本关于技能人才培养的著作,是在我的博士后研究报告《高职学生职业技能与职业精神融合培养的体系与机制研究》的基础上修改而成的。16 年来,尽管没有很好地"规划"①,但我一直在努力。尽管成绩并不突出,但我走得非常踏实。回首来时路,望见一串深浅不一但持续向前的脚印,感慨颇多。

　　歪打正着。2004 年,我在硕士研究生入学考试中考了 367 分。由于所报考的武汉大学高等教育学专业当年竞争十分激烈,我虽然进入了复试,但最终未被录取。本想再考一次,但后来看到天津工程师范学院(天津职业技术师范大学前身)的职业技术教育学专业还有公费名额,出于减轻父母经济

---

　　①　我硕士研究生期间的研究方向是职业指导,"规划"意识和能力我还是有的,无奈各方面限制因素比较多,导致一些计划在实施过程中"走了样",从而使得自己的发展在一些朋友看来显得没有"规划"好。其实,就我自己的情况来说,从"放牛娃"到"博士后",先后学习、工作于武汉、天津、南京等大城市 14 年,这个过程很精彩,目前的发展也还比较理想。

负担的考虑,试着调剂进了该校。入学后,选择跟随从北京师范大学发展与教育心理学专业博士毕业的宋兴川老师研究职业指导。当时宋老师的主要研究兴趣在高技能人才培养中的技能人才人格、技能人才培养模式等方面,于是,我就顺理成章地踏上了技能人才培养研究之路。在武汉理工大学学轮机工程专业期间(本科阶段),我在校内实验室接受了各门课程的实验训练,在校办工厂接受了为期一个月的金工实习,在校内实训基地接受了为期两周的柴油机拆装实习,在校外水上实训基地接受了为期一周的海员"四小证"培训,在长江航运集团所属的客轮"江山 19 轮"上接受了为期一周的随船顶岗实习,而且,我还在华中师范大学辅修了心理学专业。虽然后来听说具有这样的理工科学科背景在进行职业教育研究、技能人才培养问题研究时是有一定优势的[①],但我当时真的从未考虑过走这样一条道路。这,纯粹是"歪打正着"。

摸索前进。在刚进入天津工程师范学院学习的一年多时间里,我经常跟导师宋老师在一起,查找资料,交流想法,修改论文,运动……尽管物质生活比较简单,但是精神生活十分丰富,心情十分愉悦。可惜,好景不长。由于工作上处处受制于人,宋老师在结束博士后研究工作后,就离开天津去了福建,而我,也一下子由导师的"宠儿"变成了没有导师的"流浪儿",这种状态一直延续到毕业之前的几个月。硕士研究生毕业后,我没有继续读博,而是选择先工作,以减轻父母的经济负担。我先在天津轻工职业技术学院院长办公室工作了 2 年多,在女友硕士研究生毕业后随着她去了武汉生物工程学院,在那里也工作了 2 年,直到 2011 年我成功考上南京师范大学职业技术教育学专业的博士研究生。在宋老师离开天津到我考上博士研究生的这段时间里,我一直坚持研究技能人才培养问题。由于缺少系统的指导,我的研究只能是摸索着前进。幸运的是,有宋老师帮我打下的良好基础,有姜大源研究员、徐涵教授、卢双盈教授、王珍教授等老师的热情帮助,有大量接触技能人才培养实践的机会,我在技能人才培养研究方面也取得了一定成绩。

系统训练。2011 年 9 月,硕士毕业四年半的我进入南京师范大学接受系统的学术训练。南京师范大学的教育学在国内高校排名中长期位于前列,这里有鲁洁、吴康宁、张乐天、胡建华、冯建军、李艺等一批具有很高学术

---

① 唐林伟.职业教育知识生产研究:基于布迪厄实践理论的分析[D].上海:华东师范大学,2010:142.

造诣的教授,有丰富的教育学及相关学科藏书、数据库,有浓厚的学术研究氛围。由于在读博之前已经对技能人才培养的研究与实践有了一定的认识与体会,我清楚自己需要补充的是什么。三年里,在导师顾建军老师的悉心指导下,通过课程学习,项目申报与研究,论文写作与发表,学术交流,学位论文研究、写作与答辩等训练,我快速补上了自己研究能力方面的不足,并升级了自己的知识储备库。博士研究生三年,我的收获不仅仅限于知识学习和研究视野的拓展、研究能力的提升方面,选题把握、项目申报、研究组织与管理、时间管理、压力管理等方面的能力,也有了较大的提升。这些,使得我的综合研究能力进一步提升,完全具备了独立开展技能人才培养研究的能力。

实践探索。2014年博士研究生毕业后,我入职金华职业技术学院浙江省现代职业教育研究中心,再次来到技能人才培养一线。尽管我的岗位是职业教育研究岗而不是教学岗,但我有很多的机会了解技能人才需求调研、技能人才培养方案制订与修改、教育教学实施与改革、技能人才培养质量评价等技能人才培养各个环节"台前幕后"的故事。而且,我不仅有机会了解本校的技能人才培养情况,还有机会了解省内其他高职院校、其他省区市高职院校(包括台湾的高等技职院校)的技能人才培养情况。在这个过程中,我深切体会到了技能人才培养中的喜、怒、哀、乐,感觉自己离技能人才培养是如此之近。当然,我很清楚,要想更好地做好技能人才培养研究,我需要进一步深入技能人才培养实践。

"班门弄斧"。早在2004年,当我的硕士研究生导师宋兴川老师在南开大学做博士后研究的时候,我就暗下决心,今后,我也要做"博士后"。为了实现那个梦想,也为了进一步提高自己的学术研究能力,我在博士毕业工作近两年后,顶住压力,抓住最后的机会申请进入了浙江师范大学教育学博士后流动站,跟随教育部长江学者特聘教授眭依凡老师研究高等职业教育。虽然我是由理工科转学文科的,理论功底较弱,但眭老师没有嫌弃我,让我"下棋找高手,弄斧到班门"的夙愿最终得以实现。入门之后,眭老师大度温和的态度让我如沐春风,高屋建瓴的指导让我受益匪浅。博士后研究期间,我在前期研究的基础上成功申报中国博士后科学基金研究项目一项,这是我主持研究的第一个部级项目,也是我进行技能人才培养研究的新起点。在眭老师的悉心指导下,我按时完成了博士后期间各项研究任务,并得到了较好的评价,我的博士后研究报告也被眭老师纳入他主编的"浙江省高校人文社科(教育学)重点研究基地书系"出版。

　　一路走来，我得到了很多人的帮助，在此表示衷心的感谢！

　　感谢我读研之前各个学习阶段的所有老师！没有你们的教育与指导，我不可能有机会进入社会科学研究领域，成为一名技能人才培养研究者。

　　感谢我硕士研究生阶段的指导教师宋兴川老师、徐大真老师，博士研究生阶段的指导教师顾建军老师，以及博士后研究阶段的合作导师眭依凡老师！虽然学生愚钝，未能完全学会各位老师的治学功夫，但在你们的悉心指导下，我的治学能力有了较大的提高。

　　感谢我硕士研究生和博士研究生阶段各门课程的授课老师！感谢硕士研究生、博士研究生和博士后研究阶段参与我的学位论文（博士后研究报告）开题、评审和答辩的各位老师！感谢在这三个阶段为我的学习和生活提供服务的各位老师！感谢你们付出的辛勤劳动！

　　感谢华东师范大学的石伟平教授、天津大学的肖凤翔教授、教育部职业技术教育中心研究所的姜大源研究员、西南大学的朱德全教授、沈阳师范大学的徐涵教授、天津市科技协会的卢双盈教授、江苏理工学院的庄西真研究员、沈阳职业技术学院的刘家枢教授、天津职业技术师范大学的王珍教授、高雄师范大学的孙仲山教授、树德科技大学的陈武雄主秘、高雄应用科技大学的吴思达副教授和湖南教育科学研究院的欧阳河研究员！感谢各位师长多年来给予我的无私帮助与指导！

　　感谢天津轻工职业技术学院的戴裕崴校长、孙盛兰主任，武汉生物工程学院的黄学忠所长，金华职业技术学院的王振洪书记、梁克东校长、成军副校长、邵建东院长！我本好静，不料生活却让我漂泊各处。感谢你们为我提供安身立命之位、学习发展之机，让我在职业生涯发展初期，得以养家糊口、探求学问！

　　感谢为我的调研工作提供帮助的领导、老师、同学和朋友们！每一次调研都是一个大工程，没有相关领导、老师、同学和朋友们的大力支持，我不可能顺利地完成这些工作，搜集到我所需要的研究资料！感谢你们！

　　感谢我硕士研究生、博士研究生和博士后等各个阶段的同学、同门们，以及在此期间和工作期间结识的兄弟院校的学友、同行们！感谢你们一路上给予我的各种帮助与指导！

　　感谢我的父母、爱人和孩子！我的原生家庭经济条件一般，但父母对我读书一直很支持，他们辛勤劳作、省吃俭用，努力供我读书；读博期间，我的第一个孩子出生，博士后研究期间，我的第二个孩子出生，每一次父母都克服各种困难，及时帮我分担照顾孩子的压力，助我渡过难关。爱人的原生家庭经济条件不错,嫁给我之前生活比较惬意,嫁给我之后,为了让我能够安心研究,她在完成繁重的工作任务之外,还悉心照顾孩子、操持家务,吃了不少苦。大宝懂事较早,在我读博最困难的时候,她常常逗我开心,帮我释放压力;在我的博士后研究报告进入攻坚阶段的时候,为了不影响我的研究工作,她每天晚上吃完饭就乖乖地练习钢琴和舞蹈,尽管她很想我陪她一起玩耍。二宝一直很乖巧,晚上常常一觉睡到天亮,早晨醒得早也不吵不闹,自己一个人安静地玩耍,让忙碌的我觉得十分舒心。感谢你们的努力与付出!

感谢我参考的文献的作者们!你们的研究成果为本书的研究和写作提供了重要的基础和支撑,但愿我正确地理解和使用了它们。

本书的出版,得到中国博士后科学基金项目"高职学生职业技能与职业精神融合培养的体系与机制研究"(项目批准号:2017M621979)、浙江省现代职业教育研究中心和金华职业技术学院专著出版基金资助。浙江大学出版社的周群老师、吴伟伟老师、黄梦瑶老师和浙江师范大学教师教育学院的田小红老师为本书的出版付出了很多心血。在此一并表示衷心的感谢!

何应林

2019 年 5 月于金色海塘寓所